Bosquejo
de la
historia de
Israel

por Jorge A. González

AETH
Decatur, GA
1999

© 1999 AETH
Asociación para la Educación
Teológica Hispana
P. O. Box 520
Decatur, GA 30031

Impreso en EE.UU.
Printed in U.S.A.

ISBN# 0-9657839-4-4

Contenido

ACLARACIONES

La naturaleza de este libro

Aclaremos de entrada qué es lo que este libro se propone hacer. En primer lugar, ésta no es una «Historia de Israel». Si lo fuera tendría que adentrarse en todas las investigaciones que tanto han contribuído a nuestro conocimiento de la vida del Pueblo de Dios: la crítica textual, la historia de las tradiciones, la arqueología, la historia de los pueblos y de los imperios que en aquellos tiempos florecieron, y tantas otras cosas que contribuyen a nuestro entendimiento del antiguo Israel.

Pero eso sería el campo para otra obra muy diferente a la presente. Lo que trata de hacer este «Bosquejo de la historia de Israel» es ayudar al estudiante del seminario o de la escuela bíblica, al pastor o al laico interesado, a situar los eventos que se narran en el Antiguo Testamento en su relación histórica. En cierta manera se trata de una tabla cronológica detallada.

Esto no significa que todo detalle histórico será incluído en este bosquejo, pero esperamos que la presentación sirva para darle al lector un panorama de cómo los eventos principales de la historia de Israel se relacionan los unos con los otros. De esta manera el lector podrá entender cómo estos hechos afectaron las experiencias posteriores de la vida de Israel.

2 Aclaraciones

Lo primero que se ofrece al lector es una **Sinopsis**. Ella esboza, en manera resumida y escueta, el «Trasfondo geográfico», el «Trasfondo histórico», y la historia de Israel, dividiéndola en los siguientes períodos: «Los patriarcas de Israel», «El éxodo de Egipto», «Israel en Canaán», «David y Salomón», «Los reinos de Israel y Judá», «En Babilonia», «El regreso», y «Entre los dos testamentos». Al leer esta Sinopsis el lector puede tener una idea de cuáles fueron los acontecimientos principales y así lograr un panorama global de la historia. Al principio de la Sinopsis se ofrece una breve bibliografía de obras sugeridas para el estudio de estos temas.

Un «Bosquejo de la historia de Israel» pudiera limitarse exclusivamente al Antiguo Testamento, con citas y referencias a los libros de la Biblia Hebrea. Pero es evidente que para que se entienda esa historia es necesario comenzar la obra con una introducción a la geografía de la región. Imagínese, por ejemplo, que uno desconociese totalmente la geografía de las Américas y que pensase que Las Antillas son las islas que se extienden desde Alaska hacia el continente asiático, o que California quedase en la región sur del Brazil, ¿cómo pudiera uno entonces entender la historia del Nuevo Mundo?

Es por esto, por la necesidad de entender la geografía para comprender la historia, que incluímos el **Trasfondo geográfico**, una breve descripción de la geografía de la región, con referencia especial a la

Tierra Santa. Así mismo incluímos la sección
Trasfondo histórico, que consiste en unas breves
referencias a los antecedentes históricos que sitúan a
Israel en el contexto de la historia
El resto del libro desarrolla cada uno de los ocho
períodos que se han presentado en forma breve en la
Sinopsis.. De este modo, al leer sobre cada período,
uno puede regresar a la Sinopsis y ver cómo los hechos
considerados en cada sección se relacionan con la
totalidad de la historia de Israel.

Los primeros siete períodos se concentran en el
texto bíblico y nos llevan desde los albores de la época
patriarcal hasta el período post-exílico. Pero si nos
detenemos ahí nos falta otro período crucial antes de
llegar al Nuevo Testamento. Durante el período post-
exílico la gran potencia internacional es el Imperio
Persa, pero para cuando comienza el Nuevo Testamento
ese lugar lo ocupa el Imperio Romano. Los cambios y
mutaciones que ocurrieron durante esos siglos son de
importancia extraordinaria y por ello hemos añadido al
análisis de los textos del Antiguo Testamento otro
período que nos provee información sobre este tiempo.
Para esta sección la base principal de nuestro análisis
son los libros de los Macabeos. Estas obras no
aparecen en la Biblia Hebrea y por ello, en la tradición
protestante, se consideran parte de la Apócrifa del
Antiguo Testamento y no se incluye en la mayor parte
de las ediciones de las biblias protestantes. Pero como
que sí aparece en la Biblia Griega, la llamada

«Septuaginta», que era la Biblia usada en la Iglesia Primitiva y citada en el Nuevo Testamento, en la tradición católico-romana se considera como parte integral del texto bíblico y es parte de todas sus ediciones de la Biblia.

Al leer este «Bosquejo» es importante que se haga uso de los materiales que son imprescindibles para comprender su sentido. Por ejemplo, cuando se lee el «Trasfondo geográfico», o cuando uno estudia el resto de este «Bosquejo» uno debe tener a mano mapas que le ayuden a visualizar la situación. La mayor parte de las Biblias incluyen colecciones de ellos, pero un atlas bíblico puede ser de ayuda para entender mejor lo que aquí se dice. Igualmente uno debe tener una Biblia a mano para leer los pasajes a los que se hace referencia. Otras obras que pudieran ser de mucha ayuda son las historias de Israel. Además en cada sección se sugieren otras obras que se refieren a ese tópico en particular.

Notas al margen

En este bosquejo se ofrecen tres tipos de notas al margen. Una nos informa de la fecha en que ocurrieron los acontecimientos; otra se refiere a los pasajes bíblicos relacionados con el momento histórico que se describe; y la tercera ofrece aclaraciones al tema o hace referencia a acontecimientos que ocurrieron en las naciones vecinas que de alguna manera afectaron a Israel.

Ténganse en cuenta estas consideraciones respecto a las notas marginales:

1) Muchas de las notas marginales que se refieren a las fechas en que ocurrieron los hechos no son más que conjeturas en las que los eruditos difieren de opinión, especialmente en lo que atañe a los períodos 1, 2, 3, y el principio del 4. Es decir, desde los patriarcas hasta el principio de la monarquía hay gran diversidad de opiniones y bastante falta de evidencia sobre una fecha o la otra.

2) El segundo grupo de notas marginales ofrece aclaraciones históricas y son un intento de relacionar la historia de Israel con la historia de sus vecinos. En esto, sin embargo, hay que recordar que Israel era un país sumamente pequeño en medio de los poderosos imperios que le rodeaban, tales como Egipto, Asiria, Babilonia y otros más, y era apenas una de las numerosas naciones que existían entre el Mar Mediterráneo y el Desierto de Arabia.

3) El tercer grupo cita los pasajes bíblicos relevantes al tema. Estos han sido tomados según la tradición textual nos los ofrece y no se ha hecho análisis de ellos según la crítica bíblica. Tal cosa sería necesaria si ésta fuese una «Historia de Israel», pero aquí solamente tratamos de darle al lector la sucesión del texto y una noción del marco histórico en el que ocurrieron los hechos narrados en la Biblia con el propósito de que pueda poner el texto en su contexto.

La grandeza de Israel no dependía de su poder económico, político o militar. Su grandeza dependía de su relación con Dios; y en ello, en su religión, sí era muy superior a todos sus vecinos. Hoy todos aquellos imperios, todas aquellas naciones, son apenas una memoria en el devenir de los siglos. Su estudio es fascinante, pero en nada nos afecta a nosotros mismos. Pero la fe de Israel, esa fe fraguada y basada en su historia, esa es la fe que es la base y el fundamento de nuestra fe cristiana y estará con nosotros para siempre.

¡Quiera Dios que la lectura de este «Bosquejo de la historia de Israel» le ayude a descubrir la riqueza del mensaje que Dios ofrece a su pueblo!

SINOPSIS

Bibliografía General

Briend, Jacques. *Israel y Judá en los textos del Próximo Oriente Antiguo*. DOCUMENTOS EN TORNO A LA BIBLIA NO 4. Estella (Navarra): Verbo Divino, 1982 **[IJ]**

Bright, John. *La historia de Israel*. Bilbao: Desclée de Brower, 1970. **[HI]**

Castel, François. *Historia de Israel y de Judá*. Estella (Navarra): Verbo Divino, 1992 **[HIJ]**

Cazelles, Henri. *Historia política de Israel: desde los orígenes hasta Alejandro Magno*. Madrid: Ediciones Cristiandad, 1984 **[HPI]**

Herrmann, Siegfried. *Historia de Israel en la época del Antiguo Testamento*. Salamanca: Ediciones Sígueme, 1985 **[HIAT]**

May, Herbert G. *Atlas bíblico Oxford*. Estella (Navarra): Verbo Divino, 1988 **[ABO]**

Trasfondo geográfico

La Biblia nos llega enmarcada por la situación histórica de su tiempo y, aunque no es imprescindible conocer esa historia para captar lo esencial de su mensaje, lo cierto es que mientras mejor la conocemos, mejor entendemos lo que la Biblia nos dice. La historia, por su parte, es un drama actuado sobre el escenario de la geografía. Por eso es que en las Biblias se incluyen mapas que nos ayudan a entender mejor lo que dice la Palabra Sagrada. Y es por ello que, antes de adentrarnos a explorar la historia del pueblo del Antiguo

Testamento, tenemos que hacer un esbozo de la geografía de la región en la que ocurrieron los grandes hechos que narran las Escrituras.

La región que nos interesa se conoce por distintos nombres: la Tierra Santa, la Tierra Prometida, Canaán, Israel, la Palestina y otros más. Esta tierra donde se asentó la nación de Israel y donde vivió la mayor parte de su historia, está situada entre dos regiones de gran importancia en aquellos tiempos: al norte el «Creciente Fértil», y al sur el «Valle del Nilo».

La Palestina, por su parte, es apenas un pequeño fragmento del Creciente Fértil, pero en esa estrecha faja de tierra encontramos una extraordinaria diversidad en cuatro zonas geográficas que corren paralelas a la costa del Mediterráneo orientadas de norte a sur: la «Llanura Costera», la «Sierra Central», la «Gran Falla del Jordán», y la «Meseta de Transjordania».

Tres rutas fueron las principales vías de comunicación por estas tierras: el «Camino del Mar», el «Camino Real», y el «Camino de la Sierra».

Trasfondo histórico
La historia de Israel no tuvo lugar en un vacío. El mundo por el que anduvieron los patriarcas era un mundo antiguo, lleno de ambiciones y de conflictos, de las maravillas del arte y de los horrores de la vejación humana. Era un mundo en el que algunas de las más grandes civilizaciones de la historia ya habían florecido

y habían desaparecido sin dejar huella. Olvidadas bajo el polvo de los siglos, muchas de las más extraordinarias concepciones de la mente humana quedaron sepultadas en el silencio del pasado hasta que la arqueología moderna las descubrió y las trajo a la luz en el mundo contemporáneo. Hoy esos antecedentes históricos iluminan la historia de Israel y nos aclaran muchos conceptos e imágenes de la Biblia.

Porque está donde se encuentran las rutas que unen a los continentes de Asia, Africa y Europa, la Palestina fue escenario de la presencia humana desde los albores mismos de la humanidad.

Las tradiciones patriarcales de Israel sitúan el comienzo de la migración de Abrahán en la ciudad de Ur, en el sur de Mesopotamia, al extremo este del Creciente Fértil. Fue precisamente en esta región, llamada Sumer, donde comenzó la historia humana.

Es en el contexto de este marco histórico, conocido en la arqueología como Bronce Medio, que tenemos que situar las migraciones de los patriarcas de Israel.

Primer período: Los patriarcas de Israel
Según todas las antiguas tradiciones patriarcales hay que buscar los orígenes de los antepasados de Israel en el sur de Mesopotamia, en la tierra de los antiguos sumerios. Cuentan estas tradiciones que de allí partieron para establecerse en el norte de Mesopotamia, donde echaron profundas raíces. Eventualmente

descendieron a Canaán y sus migraciones en la región
los llevaron por fin a Egipto, donde los encontramos
establecidos al cerrarse el período patriarcal.

No hay ninguna referencia a los patriarcas fuera
de la Biblia. El libro de Génesis contiene toda la
información que tenemos sobre ellos. Estas historias
circularon oralmente por varios siglos hasta que por fin
fueron puestas por escrito en tres grandes producciones
literarias: a) la «yavista», b) la «elohista», y c) la
«sacerdotal».

En este «Bosquejo de la historia de Israel»
seguiremos la estructura de las tradiciones patriarcales
según éstas se presentan en los capítulos 12 al 50 de
Génesis.

Abraham (Ge. 11:27 - 25:10). Su nombre era
Abram y el de su esposa Sarai, hasta que Dios hizo un
pacto con él y cambió sus nombres a Abraham y Sara.
Su padre Taré emigró desde Ur hasta Harán llevando
consigo a su hijo Abram, su nuera Sarai, y su nieto Lot,
sobrino de Abram. Cuando murió Taré, en respuesta al
llamado de Dios, Abram partió hacia Canaán con su
esposa Sarai y su sobrino Lot.

Poco después Abram y Lot se separaron y Lot se
fue rumbo a Sodoma. Melquisedec recibió el diezmo
de Abram, y Abram recibe la promesa de un hijo y de
una tierra.

Nace su hijo, Ismael, pero este no es el de la
promesa divina. Ya tenía el patriarca 99 años de edad
cuando por fin Dios establece el pacto con él. A Sara

ya le había cesado el período de las mujeres cuando la promesa del nacimiento de Isaac se reafirma. La historia de la destrucción de Sodoma y Gomorra interrumpe la narración del nacimiento de Isaac. También se inserta aquí el encuentro entre Abraham y Abimelec. El nacimiento de Isaac resulta en la expulsión de Agar e Ismael.. Isaac es apenas un muchacho cuando Dios ordena a Abraham que lo sacrifique. Cuando murió Sara Abraham compró la cueva de Macpela. Además de Agar, Abraham tuvo otra concubina, Cetura, de la cual tuvo otros seis hijos, pero Isaac, el hijo de Sara, fue su único heredero. Muerte y sepultura de Abraham.

Isaac (Ge 17:19 - 35:29). Para las tradiciones sobre Isaac del 17:19 al 25:10 véase la sección anterior sobre Abraham. Isaac se casó con Rebeca, la hija de su primo Betuel y hermana de Labán. Isaac pretendió que su esposa Rebeca era su hermana y engañó a Abimelec, rey de Gerar.

Isaac y Rebeca tuvieron dos mellizos: Esaú (el mayor) y Jacob. Esaú vendió su primogenitura a su hermano Jacob. Esaú tomó por esposas a dos mujeres heteas. Rebeca e Isaac enviaron a Jacob a buscar esposa dentro de su propia familia. Esaú tomó como esposa a Mahalat, la hija de Ismael. Isaac vivió 180 años y murió en Hebrón. Fue sepultado en la cueva de Macpela.

Jacob y sus hijos (Ge 25:19 - 50:14) Para las tradiciones sobre Jacob del 25:19 al 28:5 véase la sección anterior sobre Isaac. Jacob tiene un encuentro con Dios en Bet-el. Se encuentra con su tío Labán y sus dos hijas Raquel y Lea y se casa con sus dos primas. Además adquirió como concubinas las siervas de sus esposas, Zilpa y Bilha. Fueron sus hijos: de Lea, Rubén, Simeón, Leví, Judá, Isacar, Zabulón y su hija Dina; de Bilha, Dan y Neftalí; de Zilpa, Gad y Aser; y de Raquel, José y Benjamín.

Las relaciones entre Jacob y su suegro Labán estaban llenas de mutuos engaños y decepciones. Jacob huyó de Labán. Antes de partir Rebeca se robó los ídolos de su padre. Labán y Jacob establecieron un pacto. El nombre de Jacob se volvió Israel. Jacob se reconcilió con Esaú.

Al llegar a Canaán Dina, la hija de Lea, fue violada. Jacob regresa a Bet-el y recibe la bendición de Dios.

Raquel dio a luz a Benjamín pero murió del parto y fue sepultada en Belén. Rubén durmió con Bilha, la concubina de su padre.

Judá tuvo relación sexual con su nuera Tamar. Jacob y su familia se asentaron en Egipto y cuando murió fue sepultado en la cueva de Macpela, en Hebrón.

José (Ge 30:22 - 50:26). Mientras que en las historias de los otros Patriarcas cada unidad tiene sentido y mensaje, en el caso de la historia de José hay que leer toda la obra para descubrir el mensaje esencial que ella proclama.

Raquel concibió y dio a luz a su hijo José el hijo favorito de Jacob. José tuvo un par de sueños que hicieron que sus hermanos lo odiasen y por ello lo vendieron como esclavo a Potifar.

El faraón tuvo un par de sueños enigmáticos que José interpretó. Agradecido por su revelación el faraón le dio toda la autoridad y además le dio por esposa a Asenat, hija de Potifera, el sacerdote de Ra, el dios del sol. De ella tuvo dos hijos, Manasés y Efraín.

Los hicsos conquistaron el país debido a su superioridad militar y gobernaron a Egipto durante las dinastías XV y XVI (ca. 1674-1550). Es durante este período que José gobernó a Egipto en nombre del faraón.

Sus hermanos van a Egipto en busca de alimentos y por fin descubren que el gobernador de Egipto es su hermano José. Jacob y su familia vienen a Egipto y se establecen en Gosén . Jacob bendice a Efraín y Manasés, los hijos de José, dándole la bendición principal al hijo menor, Efraín.

Segundo período: El éxodo de Egipto

Como vimos en la sección anterior, en tiempos de los hicsos, cuando José y los israelitas llegaron a Egipto, la capital, Avaris, estaba junto a la región de Gosén. Pasaron cuatro siglos en los que la capital estuvo por otros lugares, pero para cuando Moisés encabezó el éxodo, otra vez la capital está junto a la región de Gosén donde residían los israelitas. **Liberación de Israel** (Ex 1:1 - 15:21). La situación de los israelitas se tornó difícil y onerosa. Discriminados y oprimidos, porque para los egipcios es abominación todo pastor de ovejas (Gn 46:34) los descendientes de Jacob fueron sometidos a la esclavitud junto con todos los otros «apiru». Eventualmente su liberación se logró a través del éxodo. La narración comienza con la liberación de Israel de la opresión a mano de los egipcios, quienes utilizaron a los isrelitas como esclavos en la construcción de las ciudades fronterizas de Pitón y Ramses. El faraón ordenó la muerte de todos los niños israelitas. Moisés se salvó de este destino por la intervención de la hija del faraón. A pesar de ser criado en la corte egipcia, Moisés no olvidó su solidaridad con su gente y por fintuvo que huir a la tierra de Madián. Allí vivió en casa del sacerdote madianita, Reuel, también conocido como Jetro y Hobab el quenita. Moisés se casó con su hija, Séfora. Un día tuvo en Horeb/Sinaí un extraordinario encuentro donde Dios le reveló su nombre, YHWH, y recibió el llamado a rescatar a su pueblo. Con su hermano Aarón se enfrenta al faraón y Dios envía las plagas que asolaron a Egipto.

Cuando por fin partió Israel también subió con ellos una gran multitud de toda clase de gentes. Los israelitas escaparon desde Ramsés hasta «Yam Suf», y fue allí, en Yam Suf, donde quedaron destruídas las carrozas egipcias que les perseguían. **Del mar a Moab** (Ex 15:22 - 24:18; 31:18 - 34:9; Nm 10:11- 32:42; Dt 34:1-12). Los israelitas llegaron al Monte Sinaí tres meses después de haber salido de Egipto Había una constante queja y disgusto por parte del pueblo, pero a pesar de ello Dios proveyó para Israel durante toda su peregrinación. El suegro de Moisés, le trajo a su esposa Séfora y a sus dos hijos, Gersón y Eliezer Además Jetro le aconsejó en la organización administrativa de Israel.

Para Israel el Monte Sinaí es central en su experiencia religiosa. Estuvieron acampados allí once meses Dios decretó que todos morirían en el desierto con la sola excepción de Josué y Caleb. Acamparon en el oasis de Cades-barnea. Fue allí donde pasaron la mayor parte de los cuarenta años que estuvieron en el desierto. Al tratar de ir por el «Camino Real» que partía desde el Golfo de Aqaba hasta llegar a Damasco el rey de Edom se lo prohibió Al llegar a Moab no pudieron tomar el Camino Real y rodearon la región. El rey de los amorreos, Sehón, optó por atacarlos. Vencieron los israelitas y esa región de Transjordania fue su primer territorio.

Fue desde esa sección al este del Jordán, desde el Monte Nebo, que Moisés vió la Tierra Prometida, pero nunca puso sus pies en ella Allí murió Moisés... y ninguno conoce su sepultura hasta hoy. Tenía Moisés ciento veinte años de edad cuando murió, y nunca más se levantó un profeta en Israel como Moisés.

Tercer período: Israel en Canaán

Hacia el fin de la dinastía XIX y el principio de la XX Egipto estuvo enfrascado en luchas por el trono. En consecuencia su soberanía y autoridad en Canaán quedó sumamente debilitada. Fue por ello que los israelitas lograron establecerse en la Sierra Central y en Transjordania de lo que era territorio egipcio.

Lo complejo de las narraciones de la conquista se aprecia cuando se ve que por una parte se afirma que todo Canaán fue conquistado por Josué, y por otra parte se afirma que la conquista no fue absoluta. De hecho, los cananeos no fueron totalmente sometidos hasta 300 años después de la entrada de Israel en la tierra de Canaán.

La conquista (Jos 1:1 - 12:24). El Libro de Josué presupone que todo el pueblo actúa en conjunto y al unísono, pero lo cierto es que cada tribu tenía sus propias empresas con total independencia de las otras. Según el texto Jericó fue destruída por Israel, pero las investigaciones arqueológicas muestran que Jericó fue destruída mucho antes (ca. 1550), y no volvió a ser ocupada hasta tiempo después de la Conquista. Se le acredita a Josué el conquistar toda aquella tierra, las montañas de la Sierra Central, el Neguev, toda la tierra de Gosén, los llanos , el Arabá, desde el monte Halac en el sur hasta Baal-gad en la falda del monte Hermón.

La distribución (13:1 - 22:34) Pero lo cierto es que quedaba mucha tierra por conquistar, como Filistea. De muchas ciudades no se expulsó a los cananeos. A Caleb, quien no era israelita sino cenezeo, se le dio Hebrón y a Otniel, también cenezeo, se le dio Debir. Se echaron suertes para decidir los territorios de cada tribu. Se designaron seis ciudades de refugio y 48 ciudades situadas dentro del territorio de otras tribus fueron asignadas a la tribu de Leví.

La renovación del pacto (23:1 - 24:33). Josué renovó la alianza con YHWH en la ciudad de Siquem. No hay evidencia arqueológica ni referencia alguna en la Biblia de que esta ciudad fuese destruida en el siglo XIII o XII, pero sí hay evidencia de que grupos hebreos radicaban allí desde el período patriarcal. Josué murió a la edad de ciento diez años y lo sepultaron en su propiedad, y en Siquem enterraron los huesos de José traídos de Egipto.

Los jueces. (Jue 1:1 - 16:31) Durante la dinastía XX Egipto se vió asolado por los «Pueblos del Mar» quienes trataron de conquistar el Delta del Nilo. Entre ellos estaban los filisteos Al mismo tiempo que los israelitas entraban por el este, los filisteos entraban en Canaán por el oeste. Las pugnas entre ambos pueblos duraron por siglos.

El Libro de Jueces contiene historias detalladas de unos pocos jueces: Débora, Gedeón, Jefté y Sansón. De los demás no hay más que breves menciones. Los jueces tenían que ver con una tribu o con un pequeño

grupo de tribus.   Las historias de los diversos jueces
fueron hilvanadas dentro de una sola estructura: a)
Israel se olvida de Dios y se va tras otros dioses; b)
Dios los abandona a sus enemigos; c) Israel se
arrepiente; d) Dios les da un «juez» que los libera e
Israel es fiel, pero al morir el juez comienza otro ciclo.
El período de los jueces parece abarcar 410 años, pero
solamente ocupa 180 años (del 1200 al 1020 a.C.).
Al final del Libro de Jueces se cuenta cómo los
danitas, a quienes se les asignó la región donde estaban
los filisteos no pudieron derrotarlos y la tribu marchó al
extremo norte donde conquistó a Lais,que llamaron
Dan.   Por último se narra la afrenta cometida por la
tribu de Benjamín y cómo fue atacado por las demás
tribus.
        Samuel y Saúl (1 S 1:1 - 31:13).   Los filisteos
trajeron consigo el uso del hierro.   Así derrotaron a los
danitas y la tribu tuvo que ir rumbo al norte. Por su
superioridad militar los filisteos fueron una amenaza
para Israel. Este resultó ser un problema que no podía
resolver cada tribu con su propio juez. ¡Hacía falta un
rey!
        Samuel, el último juez, hijo de Elcana, se crió en
el santuario de Silo bajo la supervisión del sacerdote
Elí.   El santuario de Silo fue destruído y el arca fue
capturada por los filisteos.   Durante siete meses
ocurrieron desastres en Filistia por la presencia del arca.
Por fin los filisteos la devolvieron a Israel y fue puesta
en la casa de Abinadab, en Quiriat-jearim.   Al cabo de

veinte años Samuel funge como profeta, juez y sacerdote. Samuel vivió en Ramá y desde allí juzgó a Israel. Cada año hacía un recorrido de unos 50 kms, por la Sierra Central, en la región de la tribu de Efraín, juzgando a Israel en Bet-el, Gilgal y Mizpa.

Saúl, de la tribu de Benjamín, fue ungido como rey por Samuel debido a la presión del pueblo que quería tener un rey. Saúl llamó a Israel a luchar contra los amonitas para acudir en ayuda de Jabes de Galaad, y tras la victoria fue reconocido por todo Israel como rey en Gilgal. Jonatán, el hijo de Saúl, y su escudero atacaron la guarnición filistea del desfiladero cerca de Micmas. Inspirados por ellos los israelitas derrotaron a los fifisteos desde Micmas hasta Ajalón. Pero Saúl tenía un grave problema, él estaba en uno de esos períodos de transición en los que es sumamente difícil funcionar. La transición de los jueces a la monarquía era cosa de mayor cuantía. Las tradiciones antimonárquicas que se incorporan en la Historia Deuteronómica le llaman «rey», pero las que están a favor de la monarquía nunca le confieren ese título pues juzgan que él nunca fue rey. No tenía palacio, ni harén, ni un numeroso ejército profesional, y no cobraba impuestos, todo lo cual era esencial para un rey de aquellos tiempos. Y cuando desobedeció la orden directa de Samuel, el profeta lo repudió y nunca más lo volvió a ver. Ya muerto Samuel, Saúl trató de consultarlo sobre sus conflictos con los filisteos mediante una adivina o espiritista, pero el repudio de

Samuel fue violento. En la batalla del Monte Gilboa, en la que los ejércitos de las cinco ciudades de Filistia combatieron contra Israel, Saúl y sus hijos hayaron su muerte.

Cuarto período: David y Salomón
A principios del último milenio antes de Jesucristo la situación en el Cercano Oriente cambió radicalmente. Los grandes imperios de la antigüedad eran cosa del pasado. Fue en esta situación que David y Salomón pudieron crear un pequeño pero poderoso imperio.
David (1 S 16:1 - 1 R 2:11; 1 Cr 11:1 - 29:30) David era hijo de Isaí, el menor de ocho hermanos. Samuel lo ungió en secreto como rey de Israel. La Biblia cuenta dos tradiciones de cómo pasó a ser ayudante de Saúl. Una se basa en su don como músico, la otra en su habilidad militar cuando mató al gigante Goliat.
Al regresar Saúl y David los recibieron celebrando a David como superior a Saúl. Jonatán se hizo amigo de David, y su hija Mical y David se enamoraron. Esto encendió el celo de Saúl y trató de matar a David. David huyó y entró al servicio de los filisteos como mercenario pero no peleó en Gilboa.
Al morir Saúl David gobernó como rey de Judá por siete años y medio dede Hebrón, mientras que a Israel lo gobernaba Is-boset, hijo de Saúl. Por fin, a la

muerte de Is-boset, las tribus de Israel vinieron a Hebrón y proclamaron a David rey de Israel. Así comenzó el Reino Unido. Pero David tomó medidas para consolidar su posición. Recobró a su esposa Mical para tener hijos que fuesen descendientes de Saúl. Conquistó a Jerusalén en la frontera entre Israel y Judá, para gobernar ambos reinos. Trajo el Arca a Jerusalén para hacerla el centro de la devoción religiosa.

David puso fin a las amenazas de Filistia y conquistó los reinos de Edom, Moab, Amón y Siria. Desde el Mediterráneo hasta la Arabia, y desde el Golfo de Aqaba hasta Kadesh, al norte de Damasco, todo pertenecía a David.

David incurrió en una grave falta por la que sufrió terribles consecuencias. Su adulterio con Betsabé y la muerte de Urías fueron condenados por Dios. De esa unión ilegítima nació un niño que murió. Después les nació otro hijo, Salomón.

En lo sucesivo una calamidad sigue a la otra. La hija de David, Tamar, fue violada por su medio hermano, Amnón. El hermano de Tamar, Absalón, mató a Amnón y encabezó una rebelión contra su padre David. Eventualmente Absalón fue muerto por Joab. Por fin David regresó a Jerusalén y otra vez unificó la nación.

Cuando David era ya muy viejo, uno de sus hijos, Adonías, usurpó el trono. El profeta Natán y Betsabé conspiraron en contra de Adonías y lograron que David proclamase rey a su hujo Salomón poco antes de morir. **Salomón** (1 R 1:1 - 11:43; 1 Cr 28:1- 2 Cr 9:31). Cuando Salomón ascendió al trono él consolidó su poder eliminando a Adonías, su hermano mayor, a Joab, y a Simei y desterró a Abiatar a Anatot. Durante su reinado Israel prosperó abundantemente pues tenía el control de las rutas que comunicaban a Europa, Africa y Asia.

Salomón dividió a Israel en doce distritos encargados de pagar impuestos y de abastecer por un mes las necesidades del palacio, pero eximió a Judá. Hizo arreglos comerciales con otros pueblos. Con Hiram, rey de Tiro, contrató la construcción de su palacio y del Templo de Jerusalén. De Fenicia se importaron los técnicos, pero Salomón impuso trabajos forzados a los israelitas para las labores de construcción. En la Biblia se enfatizan los detalles del Templo, pero cuando se construyó era la capilla del palacio. El Templo fue construído siguiendo el patrón de los templos cananeos y fenicios. También arregló con Hiram para establecer una flota naval en el Golfo de Aqaba que se dedicó al tráfico por el Mar Rojo y posiblemente hacia el Océano Índico.

A pesar de la sabiduría de Salomón él cometió grandes errores que desintegraron el Reino Unido. La distinción entre Israel y Judá y su enorme harén donde permitióel culto de dioses extranjeros motivaron a Jeroboam a buscar la independencia de Israel. Salomón trató de matarlo pero él se asiló en Egipto hasta la muerte de Salomón.

Quinto período: Los reinos de Israel y Judá

Israel mantuvo la tradición mosaica a lo largo de toda su historia, pero en Judá la teología que dominó fue la «teología real»: a) la ciudad, b) el reino, y c) la dinastía de David; y d) el templo de Salomón. Judá se olvidó de la tradición mosaica.

La Historia Deuteronómica (Josué, Jueces, Samuel y Reyes), se escribió más de un siglo después de que Israel fue conquistado por Asiria. Por ser escrita por gente de Judá, asume que los israelitas han de ser condenados porque se separaron de la Casa de David.

Cuando Salomón murió Judá aceptó a su hijo Roboam como rey. Roboam fue a Siquem para ser consagrado rey de Israel. Los israelitas preguntaron a Roboam si pondría fin a las explotaciones de su padre Salomón. Roboam se negó a hacerlo y por eso los dos reinos se dividieron. Judá continuó con reyes de la línea de David, mientras que en el Reino de Israel hubo reyes de distintas dinastías.

Esta historia está más interesada en la teología que en la historia y prescinde de muchos detalles. El autor refiere al lector a las crónicas de los reyes de Israel y Judá, pero estos son anales y archivos que se han perdido.

Los reyes de Judá y de Israel son juzgados por su obediencia al pacto según la teología deuteronómica la cual afirmaba que solamente se podía adorar a Dios en el Templo de Jerusalén. Por ello todos los reyes de Israel son condenados en lo absoluto. En cuanto a los reyes de Judá, solamente dos reciben aprobación absoluta: Ezequías y Josías. Otros seis reciben aprobación limitada y los diez restantes son condenados porque desobedecieron la voluntad divina.

Sexto período: En Babilonia

Este período es el más breve de este «Bosquejo» pues sólo cubre 59 años, pero éstos transformaron radicalmente la historia y la fe de Israel.

El poder radicaba en el Imperio Asirio a mediados del siglo VII, pero cuando Asurbanipal (668-627) murió el impreriose desintegró. Ciaxares, rey de Media (625-585), conquistó a Asur en 614, y aliado con Nabopolasar, rey de Babilonia (626-605), a Nínive en el 612. .

Los asirios se refugiaron en Harán, pero en el 610 también ella cayó ante el ataque de Nabopolasar. Los que escaparon se refugiaron en el norte de Siria y el faraón Necao los rescató. Cuatro años después Necao marchó con el ejército egipcio y los remanentes de las fuerzas asirias para combatir a los babilonios. Nabucodonosor, príncipe heredero de Babilonia, les hizo frente en la batalla de Carquemis (605) y los derrotó tomando posesión de Siria y Palestina hasta la frontera con Egipto. Nabopolasar murió poco después y Nabucodonosor ascendió al trono (605-562). Su reinado fue la cumbre del Imperio Neo-babilónico.

Después de la segunda deportación Nabucodonosor nombró a Gedalías gobernador de Judá. Poco después Ismael, de la familia de David, asesinó a Gedalías. Temerosos de las represalias muchos de los que quedaban en Judá se refugiaron en Egipto. Nabucodonosor marchó de nuevo a Judá en el año 582 y hubo una tercera deportación a Babilonia.

El sucesor de Nabucodonosor, Evil-merodac (561-560), liberó a Joaquín, rey de Judá, y le dio un lugar prominente en la corte de Babilonia (2 R 25:27-30; Jer 52:31-34). Neriglisar (560-556) usurpó el trono. Cuando Neriglisar murió le sucedió su hijo, Labashi-Marduc, pero lo asesinaron y le sucedió Nabónido (556-539) quien no favorecía el culto del dios Marduc, especialmente el Festival de Año Nuevo, *Akitu*, que incluía la ceremonia de la humillación del rey. Nabónido no participó en el Festival de Akitu durante ocho años, lo que creó una crisis en Babilonia. Nabónido se mudó a Tema, en el Desierto de Arabia y dejó a su hijo Baltazar como co-regente. La Biblia identifica a Baltazar como rey de Babilonia, pero él nunca fue rey..

Dado el disgusto de los babilonios por la conducta de Nabónido, los persas se apoderaron de la ciudad de Babilonia en 539 sin tener que luchar. Ciro, rey de Persia, entró en la ciudad bajo los gritos de aclamación de los babilonios.

El Exilio transformó la fe de Israel en el Judaísmo, la fe del resto del Antiguo Testamento, la fe en la cual Jesús realizó su ministerio, y la fe en medio de la cual viven los judíos del día de hoy. Fue allí, en el Exilio en Babilonia, donde surgió el judaísmo. Los babilonios llamaron a los exiliados que venían de Judá «judíos». Estos al ser deportados trajeron consigo sus tradiciones. Fue en Babilonia donde se terminó la Historia Deuteronómica (Josué, Jucces, Samuel y Reyes), donde se compilaron la tradición «yavista», la «elohista», la «deuteronómica» y la «sacerdotal» formando la *Torá* (Génesis, Éxodo, Levítico, Números y Deuteronomio). Y para tener estudiar la Torá organizaron la «sinagoga». Ciertamente el judaísmo nació en el Exilio.

Séptimo período: El regreso

Ciro el Grande conquistó a Media y a Lidia y de allí se volvió rumbo a Mesopotamia. Venció a los ejércitos de Nabónido en la batalla de Opis y de allí marchó a la capital, Babilonia. Así nació el Imperio Persa.

Poco se sabe de la historia del judaísmo durante este período. Los persas no interfirieron con los pueblos de su Imperio y les respertaron su vida cultural y religiosa. Al ver su restauración de la religión de Marduc en Babilonia, los judíos les pidieron reedificar el Templo. En el año 538 les dieron permiso. Sheshbazar fue encargado de hacerlo pero no sabemos nada más de él. El sucesor de Ciro, Cambises, conquistó a Egipto donde había una colonia militar judía en Elefantina. . La colonia tenía un templo dedicado a Yavé. En cuanto a Jerusalén Zorobabel, de la línea de David, fue nombrado gobernador lo que estimuló grandesesperanzas.

Darío I Histaspis, sucesor de Cambises, renovó el edicto de construcción del Templo de Jerusalén. En el año 520 se reanudó su restauración y fue dedicado en 515. Darío dividió el Imperio en 20 «satrapías», cada una bajo un gobernador. Jerusalén pertenecía a la Quinta Satrapía, que iba de Bet-el a Bet-zur.

No tenemos información alguna sobre los judíos después de la reconstrucción del Templo hasta el texto de *Esdras/Nehemías*. Nehemías era funcionario de la corte de Artajerjes I Longímano (465-424) que fue enviado (445) a reconstruir las murallas de Jerusalén y después fue nombrado gobernador de Judá como provincia independiente de Samaria.

Esdras vino a Jerusalén nombrado por el rey de Persia para que sirviese como «comisionado» para los asuntos judíos. Allí leyó la Torá al pueblo, pero el hebreo era un idioma desconocido así que tuvo que tener traductores que lo vertieron al arameo..

Las opiniones de los eruditos difieren sobre cuándo fue que Esdras vino a Jerusalén. Se ofrecen tres fechas: 458, 428 y 398.

En el año 334 Alejandro Magno cruzó el Helesponto y venció a Darío III en la batalla de Iso (333). Después conquistó a Egipto y a Mesopotamia. Continuó su avance hasta Susa y Persépolis las cuales se rindieron. Darío III fue asesinado en Hircania por sus propios hombres. Así tuvo fin el Imperio Persa.

Octavo período: Entre los dos testamentos

El Antiguo Testamento termina durante el período persa, en un mundo muy distinto al del Nuevo Testamento. Los más importantes libros de la Apócrifa para entender este período son los Macabeos. Estos no cubren todo el período que nos interesa, pero nos ayudan a aclarar muchos puntos.

Alejandro el Magno ascendió al trono a los veinte años de edad y resultó ser uno de los líderes militares más grandes en toda la historia. Conquistó todo el Imperio Persa y llegó hasta el Rio Indo en Paquistán. De regreso a Grecia se enfermó y murió en Babilonia. Tenía apenas treintaidos años.

Su hijo no le heredó. Su imperio se dividió entre cuatro de sus generales. Mesopotamia y Siria quedaron en mano de Seleuco I Nicátor quien fundó la dinastía de los «Seléucidas». Egipto quedó en manos de Tolomeo Sotero, quien fundó la dinastía de los «Lágidas». Tanto los Seléucidas como los Lágidas fomentaron el desarrollo del helenismo.

La Palestina estuvo bajo el control de los Lágidas hasta que Antíoco III el Grande ascendió al trono de los

Seléucidas. En lo sucesivo la Palestina estuvo bajo los Seléucidas. Entre los judíos de la Palestina había unos que favorecían el helenismo y otros que lo repudiaban completamente. Uno de los Seléucidas, Antíoco IV Epífanes, atacó con toda violencia a los judíos que se oponían al helenismo y ordenó que: a) toda madre que circuncidase a su hijo fuese ejecutada; b) que se quemasen todas las copias de la Torá; y c) que el observar el Sábado o el tener copias de la Torá eran motivo para la pena de muerte. En el año 168 desacralizó el Templo poniendo allí una estatua de Zeus y sacrificando puercos sobre el altar de Yavé. Por toda la región se pusieron altares paganos y se les ordenó a los judíos que hicieran sacrificios a Zeus y que comiesen carne de puerco.

Muchos lo hicieron así y otros muchos murieron por su fe. En el poblado de Modein un oficial sirio ordenó que se cumpliese el edicto real, pero Matatías, un líder de la comunidad, se negó a hacerlo. Al ver a otro judío que estaba dispuesto a sacrificar los puercos Matatías se llenó de ira y mató al judío y al oficial sirio y junto con sus cinco hijos se fugó a las montañas cercanas, dedicándose a hacer guerra de guerrillas contra los sirios. Sus hijos Judas, Jonatán y Simón fueron jefes sucesivos de la rebelión. El 25 del mes de Kislev (diciembre) del año 165 Judas Macabeo reconquistó y purificó el Templo, construyó un nuevo altar, y reanudó el culto a Yavé.

Poco después ocurrió una división entre los judíos que estaban contra el helenismo. Por una parte estaban los hasidim que creían que con la reconsagración del Templo ya no era necesario seguir luchando. De la otra parte estaban los seguidores de los Macabeos que creían que había que seguir luchando para recobrar la independencia.

Juan Hircano I, hijo de Simón, ocupó el sacerdocio y el trono y extendió su reino hasta cubrir Galilea e Idumea. Al morir Juan Hircano su hijo Aristóbulo tomó el poder y puso en prisión a todos sus hermanos. Cuando murió Aristóbulo su esposa, Salomé Alejandra, liberó a sus cuñados y se casó con uno de ellos, Alejandro Janneo, quien fue sumo sacerdote y rey. Al morir Alejandro Janeo Salomé Alejandra reinó por varios años y designó a su hijo Juan Hircano II como sumo sacerdote.

Al morir su madre Juan Hircano II asumió el título de rey, pero su hermano Aristóbulo II (69-63), apoyado por los saduceos, lo expulsó. Hircano buscó apoyo del gobernador de Idumea, Antipater, y éste pidió ayuda del Senado de Roma. En el año 63 a.C. el general romano Pompeyo tomó posesión de Jerusalén y designó a Juan Hircano II como sumo sacerdote (63-40) pero no como rey. De esta manera la independencia de los judíos tocó a su fin.

Así llegamos a los albores del Nuevo Testamento. Los judíos están bajo el poder de Roma. Las sectas de los fariseos y saduceos están en pugna una con la otra, no solamente sobre cuestiones religiosas, sino también políticas. Nueve de cada diez judíos viven fuera de la Palestina en lo que se conoce como la diáspora. Los judíos de la diáspora hablan el griego llamado koiné, mientras que los de la Palestina hablan arameo. Hay un solo templo para el culto de Yavé y está en Jerusalén, pero hay sinagogas donde se estudia la Torá por toda la Palestina y por todo el resto del Imperio Romano. Ese es el mundo del Nuevo Testamento, ese es el mundo al que vino Nuestro Señor Jesucristo, y ese es el mundo en el que nació la Iglesia.

TRASFONDO GEOGRÁFICO

ABO, pp. 9-13; 48-53
HIAT, pp. 13-29
HIJ, pp. 14-18

La Biblia nos llega enmarcada por la situación histórica de su tiempo y, aunque no hay que conocer esa historia para captar lo esencial de su mensaje, lo cierto es que mientras mejor la conocemos, mejor entendemos lo que la Biblia nos dice. La historia, por su parte, es un drama actuado sobre el escenario de la geografía. Por eso es que en las biblias se incluyen mapas que nos ayudan a entender mejor lo que dice la Palabra Sagrada. Y es por ello que, antes de adentrarnos a explorar la historia del pueblo del Antiguo Testamento, tenemos que hacer un esbozo de la geografía de la región en la que ocurrieron los grandes hechos que narran las Escrituras.

La región que nos interesa se conoce por distintos nombres: la Tierra Santa, la Tierra Prometida, Canaán, Israel, la Palestina y otros más.

En este Bosquejo usaremos «Palestina» cuando deseamos referirnos a los elementos geográficos de la comarca, y usaremos otros nombres cuando las condiciones históricas así lo demanden. En cierta forma esto resulta paradójico porque lo que estamos interesados es en la historia de Israel, pero la palabra Palestina se deriva de Filistia, y los filisteos eran enemigos acérrimos de los israelitas.

Esta tierra donde se asentó la nación de Israel y donde vivió la mayor parte de su historia, está situada entre dos regiones de gran importancia en aquellos tiempos: al norte el «Creciente Fértil», y al sur el «Valle del Nilo».

La Palestina se encuentra en el extremo suroeste del «Creciente Fértil», región ésta que se extiende a lo largo de la costa oriental del Mar Mediterráneo hasta que llegando a Siria se ensancha y se adentra hacia el este, para seguir el valle aluvial de los ríos Tigris y Éufrates hasta que estos desembocan en el Golfo Pérsico. Rodeado por afuera por el Mar Mediterráneo, los Montes Tauros, las montañas de Armenia y los Montes Zagros, el Creciente Fértil tiene en su centro la región norte del Desierto de Arabia. Esta configuración, que se semeja al creciente de la luna, y el contraste de sus fértiles tierras con las arenas del desierto por una parte, y por la otra con las desoladas y agrestes sierras que le rodean, inspiraron al historiador James Breasted a llamar a la región «El Creciente Fértil».

Más allá de la Palestina, ya fuera del Creciente Fértil, está el «Valle del Nilo». Cruzando la Península de Sinaí junto a la costa del Mediterráneo, se llega al Delta del Nilo, el llamado Bajo Egipto, y siguiendo río arriba, desde el Delta hasta la Segunda Catarata, yace el Alto Nilo. La distancia desde el extremo norte del Creciente Fértil, hasta el extremo sur de Egipto, en la Segunda Catarata del Nilo, es de unos 1700 kms. o algo más de 1000 millas, mientras que desde el extremo oeste del Delta hasta el extremo este del Creciente Fértil hay 1600 kms. o unas 960 millas. Esta región, y las tierras en su periferia, fueron el escenario donde tuvo lugar el drama bíblico.

La Palestina, por su parte, es apenas un pequeño fragmento del Creciente Fértil, pero en esa estrecha faja de tierra encontramos una extraordinaria diversidad en cuatro zonas geográficas que corren paralelas a la costa del Mediterráneo orientadas de norte a sur: la «Llanura Costera», la «Sierra Central», la «Gran Falla del Jordán», y la «Meseta de Transjordania».

Los límites tradicionales de la Tierra Santa, de norte a sur, van «desde Dan hasta Beerseba», unos 250 kms. o 150 millas. A la altura de Acco la distancia desde el Mediterráneo hasta el Mar de Galilea es apenas 45 kms. o 27 millas, mientras que a la altura de Gaza la distancia desde el Mediterráneo hasta el Mar Muerto es solamente unos 75 kms. o 45 millas.

Moviéndonos del oeste al este, y examinándolas de norte a sur, tenemos primeramente la «Llanura Costera». En su extremo norte está Fenicia, región abierta al mar que goza de abundantes puertos, y al sur del Carmelo reaparece la zona Costera en la estrecha Llanura de Sarón que poco a poco se ensancha más y más hasta formar la región de Filistia. En los tiempos del Antiguo Testamento no había puertos al sur del Carmelo que merecieran mención. El gran puerto de la Llanura de Sarón, Cesarea Marítima, no fue construído hasta tiempos de Herodes el Grande (22 a.C), y Jope, que había sido puerto de gran importancia en el Siglo

XIII a.C., no volvió a florecer hasta que fue reconstruido por el mismo Herodes. Aparte de Jope había apenas algunas pequeñas ensenadas que servían para dar albergue a embarcaciones pequeñas.

La segunda zona es la llamada «Sierra Central», cuyas colinas, de unos 600 a 1000 m (2000 a 3300 pies) de altura, formaron el corazón de Israel. Al extremo norte está Galilea, separada de Samaria por el Valle de Jezreel, a unos 50 m (165 pies) sobre el nivel del mar. Entre el macizo central de Samaria y la región de Judea no hay frontera ni división natural, pero al sur los montes se tornan más agrestes y elevados. Al sur de Judá disminuye la elevación hasta que se convierte en las colinas del Negev para dar paso a la Península de Sinaí. Entre las serranías de Judá y la región de Filistia hay una región de transición de colinas de piemonte que se conoce como la Sepela.

La tercera zona es la «Gran Falla del Jordán». Esta comienza en los valles de donde surgen los primeros tributarios del Jordán. Estos valles separan a los Montes del Líbano de los del Anti-Líbano, con la cima de su punto culminante, el Monte Hermón a 2814 m. (9232 pies) de altura, perennemente cubierto de nieve. Estos tributarios descienden rápidamente hasta detenerse por un momento en el Lago de Hule, conocido en tiempos del Nuevo Testamento como el Lago Semeconitis. El lago ya no existe, puesto que ha sido desecado por el Estado de Israel para dedicarlo a la agricultura, pero en tiempos bíblicos quedaba a 68 m.

(223 pies) sobre el nivel del Mar Mediterráneo y era sumamente pequeño, de apenas 5 kms. (3 millas) de ancho. Por su extremo sur sus aguas se desbordaban dando nacimiento al Río Jordán cuyas aguas descendían rápidamente cayendo 280 m. (919 pies) en 18 km. (11 millas) de distancia hasta detenerse en el Mar de Genesaret, conocido en el Nuevo Testamento como el Mar de Galilea o el Lago Tiberíades; de ahí el nombre del río, Jordán, que significa «el que desciende». El Mar de Genesaret se encuentra a 212 m. (695 pies) bajo el nivel del mar. De ahí el río sigue rumbo al sur recorriendo una distancia en línea recta, entre el Mar de Genesaret y el Mar Muerto, de 105 km (65 millas), pero ésta se convierte en una distancia total de 320 km (199 millas) debido a los numerosos meandros que lo prolongan. Al principio de su recorrido el valle del Jordán es una región fértil, pero a lo largo de su descenso el Jordán se torna en un río que corre por un desierto, cada vez más árido y desolado según se acerca a su desembocadura. Sus riberas están cubiertas de abrojos y pequeña vegetación que ofrece un marcado contraste con la región desértica por la que corre. Solamente el Oasis de Jericó ofrece un ambiente salubre y agradable al aproximarse al Mar Muerto.

El nombre Mar Muerto no se menciona en ningún pasaje bíblico pues se usó por vez primera en el Siglo II de nuestra era. En el Antiguo Testamento se le llama «Mar del Arabah», «Mar Oriental» o «Mar Salado», mientras que los autores clásicos le llamaron

«Lago de Asfalto». Sus dimensiones, apenas 76 km (47 millas) de largo por 17 km (11 millas) de ancho a duras penas le merecen el título de «mar». Pero lo que sí le distingue es el encontrarse a 392 m (1285 pies) por debajo del nivel del Mar Mediterráneo. Está dividido por una península hacia el sur de su costa oriental. Al norte de ella el mar llega a una profundidad máxima de 396 m (1300 pies), mientras que en la parte sur tiene una profundidad máxima de unos 10 m (33 pies). Hacia el sur del Mar Muerto la Gran Falla del Jordán continúa por la región del Arabah hasta adentrarse por el Golfo de Aqaba y seguir por todo el Mar Rojo hasta Africa donde forma los lagos de donde nace el Nilo.

La cuarta y última zona es la «Meseta de Transjordania», la región al este del Jordán. Este es un enorme altiplano que se eleva de 643 a 1286 m (2109 a 4218 pies) sobre el nivel del mar, y que está cortado por una serie de ríos cuyas cañadas se vuelven más y más profundas según nos movemos de norte a sur. Las aguas de estos ríos buscan el nivel de las aguas del Jordán y del Mar Muerto, y forman por lo tanto, barreras naturales entre diversas secciones de la meseta. Al norte del Río Yarmuc está la región de Basán, comarca de tierra fértil y centro de cría de ganado vacuno en tiempos bíblicos. Al sur está Gilead, que en la antigüedad contaba con extensos bosques y abundantes pastos. En medio de Gilead estaba el Río Jaboc, y al este, hacia las fuentes del Jaboc estaba el territorio de Amón. El Río Arnón, que desemboca en el Mar Muerto, marcaba la frontera norte de Moab mientras que el Río Zered, al sur, era su límite con Edom. Esta enorme meseta de Trasjordania desciende abruptamente hacia el Jordán, pero por su lado oriental desciende paulatinamente para desaparecer en el Desierto de Arabia.

Tres rutas fueron las principales vías de comunicación por estas tierras:el «Camino del Mar», el «Camino Real», y el «Camino de la Sierra».

La primera en importancia es la que los romanos llamaron «via maris», o «Camino del Mar». Esta partía de Egipto y seguía la costa del Mediterráneo por toda Filistia hasta que al llegar a la Llanura de Sarón se encaminaba tierra adentro en busca del Paso de Meguido para cruzar por allí la espuela de la Sierra Central que forma el Monte Carmelo. Al norte del Paso de Meguido dobla hacia el este siguiendo el Valle de Jezreel y se encamina al norte por el Valle del Jordán, cruzando al oeste del Mar de Genesaret hasta que poco antes de llegar al Lago de Hule cruza la región de Basán para llegar a Damasco.

La segunda ruta es la que se conocía como el «Camino Real». Esta comenzaba en el extremo norte del Golfo de Aqaba y, remontándose a la Meseta de Transjordania, seguía por el altiplano cruzando por los territorios de Edom, Moab y Ammón para venir a dar también a Damasco.

La tercera y última era el «Camino de la Sierra», la de más difícil acceso, la más tortuosa y abrupta, pero para los israelitas era la más importante. Esta seguía la cresta de los montes de la Sierra Central y servía para comunicar entre sí las ciudades principales de todo Israel: Beerseba, Hebrón, Jerusalén, Bet-el, Siquem y Dotán, hasta descender al Valle de Jezreel.

Por estas rutas anduvieron los patriarcas, los ejércitos invasores, las caravanas venidas de lejanas regiones, profetas, reyes y conquistadores. Y en todo ese transcurrir de la historia la geografía del lugar fue dejando el sello característico de su presencia.

TRASFONDO HISTÓRICO

ABO, pp. 13-17; 20-26; 54-55
HI, pp. 27-79
HIAT, pp. 30-57

La historia de Israel no tuvo lugar en un vacío. El mundo por el que anduvieron los patriarcas era un mundo antiguo, lleno de ambiciones y de conflictos, de las maravillas del arte y de los horrores de la vejación humana. Era un mundo en el que algunas de las más grandes civilizaciones de la historia ya habían florecido y habían desaparecido sin dejar huella.

Olvidadas bajo el polvo de los siglos, muchas de las más extraordinarias concepciones de la mente humana quedaron sepultadas en el silencio del pasado hasta que la arqueología moderna las descubrió y las trajo a la luz en el mundo contemporáneo. Hoy esos antecedentes históricos iluminan la historia de Israel y nos aclaran muchos conceptos e imágenes de la Biblia.

Porque está donde se encuentran las rutas que unen a los continentes de Asia, Africa y Europa, la Palestina fue escenario de la presencia humana desde los albores mismos de la humanidad. Son muchos los sitios arqueológicos que atestiguan su actividad en esta región, comenzando con el Período Paleolítico o la «Antigua Edad de Piedra.». Con el lento devenir de los siglos avanzó el conocimiento y la creatividad humana hasta que, al llegar al Período Neolítico Pre-cerámico, la primera parte de la «Nueva Edad de Piedra», nos encontramos con la ciudad más antigua que se conoce en todo el mundo, Jericó. Pero es con el arribo de la Edad de Bronce que dio comienzo a la historia. Las tradiciones patriarcales de Israel sitúan el comienzo de la migración de Abrahán en la ciudad de Ur, en el sur de Mesopotamia, al extremo este del Creciente Fértil. Fue precisamente en esta región, llamada Sumer, donde comenzó la historia humana. Lo que distingue a la historia de la prehistoria es la presencia de materiales escritos, y fueron los sumerios quienes inventaron la escritura hace unos 5000 años. A la civilización sumeria, que comenzó a florecer ca. 3500 a.c., debemos así mismo las primeras bibliotecas, los primeros catálogos de libros, los primeros mapas y el sistema sexagesimal mediante el cual hoy todavía contamos 60 minutos en cada hora y 60 segundos en cada minuto, así como nuestra división del círculo en 360 grados. Poco después, bajo la influencia de Sumer, Egipto comenzó el desarrollo de su extraordinaria civilización. La región de Siria-Palestina, situada entre esos dos grandes polos de la antigüedad no pudo menos que recibir el impacto de ellos, destacándose sobre todo los grandes centros urbanos de Ugarit y Ebla.

La primera conquista del Creciente Fértil por invasores «semitas», como se llama a los pueblos oriundos del Desierto de Arabia, fue la de los acadios. Bajo el liderazgo de Sargón de Acad, estos conquistaron a los sumerios ca. 2360 a.C. y establecieron el primer imperio de la historia que se extendía desde el Golfo Pérsico por toda Mesopotamia hasta remontarse en la Península de Anatolia. Aún cuando el Imperio Acadio duró poco tiempo, pues fue destruído por la invasión de los «guteos» ca. 2200 a.c., su impacto cultural duró muchos siglos puesto que su lengua fue el idioma que hablaron tanto los asirios como los babilonios de los tiempos bíblicos.

> Los *guteos* vinieron de los Montes Zagros, al norte de Mesopotamia.

La destrucción causada por los guteos facilitó un resurgimiento sumerio bajo la 3ª dinastía de Ur (ca. 2060-1950 a.c.), que duró hasta el advenimiento de los «amoritas» o «amorreos». La gran civilización sumeria, que había hecho tan grandes contribuciones a la cultura universal, y que floreció por unos 1500 años, ya era cosa olvidada cuando Abrahán emprendió su viaje rumbo a Canaán.

Egipto, mientras tanto, había seguido un proceso paralelo. Una vez unificados los reinos pre-dinásticos del Alto y Bajo Egipto bajo el dominio de la 1ª dinastía (ca. 3000 a.c.), el país comenzó su extraordinario desarrollo cultural. Si bien en un principio lo hizo bajo la influencia de Mesopotamia, ya para la 3ª dinastía (ca. 2600 a.C.) comenzó a desarrollar sus formas tipicamente egipcias que habrían de perdurar por miles de años. Este período, conocido como el Reino Antiguo, fue la era de las pirámides. La primera de ellas fue la pirámide escalonada del rey Zóser, de la 3ª dinastía. De las muchas que le siguieron se destacan principalmente las Grandes Pirámides de Guiza, de los reyes de la 4ª dinatía Jeops, Jefren y Mikerinos. Pero las más importantes, a pesar de ser mucho más pequeñas y no tan bien construídas, son las de las dinastías 5ª y 6ª, pues es en ellas donde se encuentran los «textos de las pirámides», los textos religiosos más antiguos que nos ofrece Egipto.

Hacia fines de la 6ª dinastía (ca. 2200 a.c.), al tiempo que los gutios ponían fin al Imperio de Acad, Egipto cayó en un período de crísis y depresión que llamamos el Primer Período Intermedio. La centralización del gobierno y la administración faraónica se desintegraron como resultado de las luchas entre faraones rivales aspirantes al trono de Egipto. Los gobernadores provinciales se tornaron en reyezuelos independientes. Dada la falta de gobierno central el sistema de irrigación dejó de funcionar debidamente lo que resultó en hambre y colapso económico. Fue entonces que, debido a la falta de protección de la frontera, pueblos seminómadas asiáticos se adentraron en la región del Delta. La literatura egipcia del período revela el pesimismo y desconcierto que prevalecía en el país. Muchos creían que las glorias de Egipto eran ya cosa del pasado que nunca más habrían de verse.

Por fin la 11ª dinastía (2040-1991 a.C.), oriunda de Tebas, comenzó la restauración que fue llevada a su culminación por la 12ª dinastía (1991-1786 a.C.). Este período, el Reino Medio, fue el tiempo de mayor prosperidad y estabilidad en la historia de Egipto. La capital se trasladó a Menfis, se puso fin al feudalismo de los reyezuelos provinciales, y se consolidó el poder central del faraón y la burocracia administrativa de la corona. Pero no se regresó al absolutismo del Reino Antiguo. Esto se evidencia en que los «textos de las pirámides», que originalmente habían servido para asegurar la vida eterna del faraón, ahora reaparecen, modificados y aumentados, en la forma conocida como «textos de los féretros» en los sarcófagos de los nobles. La vida más allá de la muerte ya no era propiedad exclusiva del faraón. Esta época es la Edad de Oro de la literatura egipcia, mientras que, al mismo tiempo, florecen la medicina y las matemáticas. Durante este período Siria y Palestina se encontraron, si no bajo el dominio directo de Egipto, bajo una influencia constante y un control esporádico.

A partir de la 13ª dinastía comenzó un nuevo declinar en Egipto que resultó eventualmente en el establecimiento de otra autoridad rival, la 14ª dinastía, radicada en el oeste del Delta.

A fines del tercer milenio comenzó a infiltrar a Mesopotamia un nuevo grupo de semitas venidos del Desierto de Arabia. Los habitantes de las tierras de Sumer y Acad les llamaron *amurru*, que en acadio significa «occidentales», de cuyo término se derivan los vocablos sinónimos «amorreos» y «amoritas». Al principio llegaron pacíficamente, pero eventualmente fueron apoderándose de las ciudades de la región, estableciéndose como reinos independientes por toda la región. El séptimo rey de la primera dinastía amorrea de Babilonia fue Hammurabi (1728-1686 a.c.), quien conquistó a sus vecinos y forjó un imperio que se extendió a lo largo de los valles del Éufrates y del Tigris entre los Monte Zagros y el Desierto de Arabia. Por el sur llegaba al Golfo Pérsico mientras que por el Norte llegaba hasta Nínive, a orillas del Tigris, y hasta Mari, en las riberas del Éufrates. Bajo Hammurabi la pequeña ciudad de Babilonia se transformó en el centro de un imperio. Su dios Marduc fue elevado a la categoría de «rey de los dioses», y el ziggurat o torre sagrada que servía de contacto entre cielo y tierra, Etemenanki, era la maravilla arquitectónica de su tiempo. La literatura floreció abundantemente con la producción del poema épico de la creación, Enuma Elish, y muchas otras obras de gran importancia. La obra cumbre de Hammurabi, sin embargo, fue la codificación de las antiguas leyes semitas que se remontaban a siglos atrás, fijándolas como la norma para la administración de justicia en su imperio. Este Antiguo Imperio Babilónico vió su fin cuando el rey hitita, Mursilis, lanzó una campaña desde su capital, situada en el centro de Anatolia, y descendió rápidamente a lo largo del Éufrates destruyendo a la ciudad de Babilonia en 1530 a.C.

Es en el contexto de este marco histórico, conocido en la arqueología como el Bronce Medio, en que se sitúan las migraciones de los patriarcas de Israel.

Tanto Egipto como Mesopotamia están en un período del declinar de sus pasadas glorias. Numerosos pueblos se mueven a lo largo del Creciente Fértil. Algunas de las grandes civilizaciones de la historia son cosa del pasado, pero su impacto social, económico, político y cultural está destinado a influir en la historia de Israel. Fue en este mundo, ya viejo y cargado de historia, donde, según las tradiciones de Israel, Abraham emprendió su marcha que le llevaría a la Tierra Prometida.

PRIMER PERÍODO
Los patriarcas de Israel

EDAD DEL BRONCE MEDIO
ca. 2000-1500 a. C.

Bibliografía Especial

Briend, Jacques. *El Pentateuco.* CUADERNOS BÍBLICOS
No 13. Estella (Navarra): Verbo Divino, 1993.
Collins, Matthieu. *Abrahán.* CUADERNOS BÍBLICOS
No 56. Estella (Navarra): Verbo Divino, 1987.
Michard, Robert. *Los patriarcas.* Estella (Navarra):
Verbo Divino, 1983, pp. 15-107.

ABO, pp. 54-55, 107-108
HI, pp. 81-125
HIJ, pp. 29-42
HPI, pp. 71-87
HIAT, pp. 61-79
IJ, pp. 4-18

Según todas las antiguas tradiciones patriarcales hay que buscar los orígenes de los antepasados de Israel en el sur de Mesopotamia, en la tierra de los antiguos sumerios. Cuentan estas tradiciones que de allí partieron para establecerse en el norte de Mesopotamia, donde echaron profundas raíces. Eventualmente descendieron a Canaán y sus migraciones en la región los llevaron por fin a Egipto, donde los encontramos establecidos al cerrarse el período patriarcal.

No hay ninguna referencia a los patriarcas fuera de la Biblia. El libro de Génesis contiene toda la información que tenemos sobre ellos. Estas historias circularon oralmente por varios siglos hasta que por fin fueron puestas por escrito en tres grandes producciones literarias:

a) La **«yavista»**:

La primera de ellas, la tradición «yavista» (así llamada porque usa el nombre sagrado de Dios, Yavé, desde el principio de la historia), fue redactada durante el reinado de Salomón (ca. 950 a.C.).

> En muchas Biblias el nombre de Dios, *Yavé*, representado por las consonantes hebreas יהוה YHWH, se ha combinado con las vocales del título divino, Adonai (El Señor), y ha producido el nombre ecléctico de Jehová.

Según ella la intención de Dios desde tiempos de los patriarcas encuentra su culminación en el reino de David. La tierra prometida a los patriarcas coincide con la extensión máxima del Imperio de David: «desde el río de Egipto hasta el río grande, el río Éufrates» (Gn 15:18). Esta proyección hacia el pasado remoto de lo que era la situación en tiempos de Salomón produce, por ejemplo, el anacronismo del encuentro entre Isaac y Abimelec, rey filisteo de Gerar (Gn 26:1). Lo cierto es que los filisteos no llegaron a estas regiones hasta unos seis siglos después, al tiempo que Israel comenzaba la conquista de Canaan. En la tradición «yavista» hay un énfasis universalista. Dios obra a través de los patriarcas, especialmente Abraham, para la redención de toda la humanidad, pero al mismo tiempo las historias patriarcales se concentran en la zona sur del país, principalmente en el territorio de Judá, la tribu de la Casa de David.

b) La «elohista»:

La tradición «elohista» (llamada así porque usa el nombre genérico de Dios, Elohim, hasta que Dios revela su nombre sagrado a Moisés) fue redactada ca. 750 a.C. Sus historias se refieren a incidentes ocurridos en lugares situados en lo que vino a ser el Reino del Norte, Israel, especialmente Siquem y Bet-el. El tema aquí, en contraste con el énfasis universalista del yavista, es la revelación de Dios a su pueblo por medio de los patriarcas y de los profetas, y el repudio absoluto de toda influencia extranjera. Poco tiempo después de la caída de Samaria y la destrucción del Reino del Norte en 721 a.C., las tradiciones del norte y del sur fueron fundidas en una sola obra, dándole principal preponderancia a la tradición yavista.

c) La «sacerdotal»:

Durante el exilio en Babilonia los sacerdotes de Jerusalén están ociosos. Unos pocos años antes, en tiempos del rey Josías (621 a.C.), quedó claramente establecido que el único lugar donde es posible adorar a Dios es en el Templo de Jerusalén. Llevados al destierro, y con el templo destruido, los sacerdotes dedican su tiempo, su talento y sus esfuerzos a compilar la antigua tradición «sacerdotal» combinándola en una obra maestra con las tradiciones yavista y elohista. Para los sacerdotes la compra de la cueva de Macpela, la única posesión patriarcal en la Tierra Prometida, es anuncio y garantía del cumplimiento de la promesa divina (Gn 23:1-20).

En este «Bosquejo de la historia de Israel» seguiremos la estructura de las tradiciones patriarcales según éstas se presentan en los capítulos 12 al 50 de Génesis. Al mismo tiempo hay que reconocer la complejidad de estas narraciones. Es por ello que son tan importantes las investigaciones contemporáneas en los campos de la antropología, la etnografía, la sociología y muchas otras. Ellas nos ayudan a entender la historia del período patriarcal que forma el trasfondo de la narración bíblica.

Abraham
Ge. 11:27 - 25:10

Su nombre era Abram y el de su esposa Sarai, hasta que Dios hizo un pacto con él y cambió sus nombres a Abraham y Sara. En el c. 17 se cuenta la historia del pacto de la circuncisión y cómo entonces el nombre de Abram, «Padre exaltado», se convirtió en Abraham, «Padre de una muchedumbre». En el pensamiento hebreo el cambio de nombre significaba un cambio esencial en la persona.

Su padre Taré emigró desde Ur hasta Harán llevando consigo a su hijo Abram, su nuera Sarai, y su nieto Lot, sobrino de Abram (11:31). La ciudad de Harán estaba en «Aram Naharim» (Aram entre ríos), llamada así por estar en medio de la inmensa curvatura del Éufrates y uno de sus tributarios. Más tarde esta zona se llamó en griego «Mesopotamia» (Entre ríos), nombre que después se extendió a toda la región entre el Tigris y el Éufrates. La misma zona también se conoce en la Biblia como «Padán Aram» (Campo de Aram), y ambos nombres hacen referencia al hecho de que aquí era donde habitaban los arameos.

Cuando murió Taré, en respuesta al llamado de Dios, Abram partió hacia Canaán con su esposa Sarai y su sobrino Lot (12:1-9). Allí Dios le prometió que un día sus descendientes tendrían esas tierras. Eventualmente Abram tuvo que buscar refugio en Egipto debido al hambre que había en Canaán y estando allá ganó favores especiales del faraón al pretender que su esposa Sarai era su hermana (véanse pasajes paralelos en 20:1-18 y 26:6-11). Por fin fue expulsado de Egipto y regresó a Canaán (12:10-20).

Poco después Abram y Lot se separaron y Lot se fue rumbo a Sodoma (13:1-18), en la «Gran Falla del Jordán», cerca del Mar Muerto, mientras que Abram se encaminó a Hebrón, en la «Sierra Central».

Fue entonces que Melquisedec recibió el diezmo de Abram (14:1-24). Ocurrió que una coalición de cinco reyes atacó la región de Sodoma y Lot fue hecho prisionero. Al enterarse Abram organizó una partida de rescate que persiguió el ejército de los reyes hasta Dan, al extremo norte de la Palestina. La acción resultó victoriosa y Abram capturó el botín de los vencidos. En el camino de regreso pasó por Jerusalén, conocida en esos tiempos como Salem, y el rey/sacerdote de la ciudad, Melquisedec, salió a recibirle. En gratitud a Dios, Abram le dio a Melquisedec el diezmo del botín. Abram recibe la promesa de un hijo y de una tierra (15:1-20). Cuando Abram partió de Harán tenía 75 años. Desde entonces se había hecho «riquísimo en ganado, y en plata y oro» (13:2), pero una cosa no tenía: un hijo. Con el transcurso de los años él y Sarai habían envejecido y pronto necesitarían alguien que les cuidase en sus últimos días y les diese sepultura. Fue por ello que Abram hizo a su siervo, Eliezer de Damasco «...mi heredero... un esclavo nacido en mi casa» (15:1-3). Dios rechaza la posición de Abram y le asegura que tendrá un hijo y una gran descendencia (15:4-5). Además, como parte de la

La práctica de adoptar un esclavo como heredero, aunque desconocida en Israel, está bien atestiguada en los *Documentos de Mari*, ciudad del norte de Mesopotamia, próxima a Padam-Aram, de donde vino Abram.

tradición «yavista», le promete una tierra mucho mayor que Canaán, semejante al imperio de David y Salomón (15:18).

Nace su hijo, Ismael, pero este no es el de la promesa divina (16:1-16). Sarai era estéril y, siguiendo una antigua ley de los horeos, le da su esclava Agar a Abram para que sea su concubina. De esa relación nació Ismael cuando Abram tenía 86 años. Pero Sarai se pone celosa y agobia tanto a Agar que ésta huye.

> Los *horeos* fundaron el Imperio de Mitanni en el norte de Mesopotamia. Los *Documentos de Nuzu*, una de sus ciudades principales, ofrecen abundantes contactos con las prácticas de los Patriarcas de Israel.

Dios bendice a Ismael, el primer hijo de Abram, pero no le acepta como el cumplimiento de la promesa hecha a Abram.

Ya tenía el patriarca 99 años de edad cuando por fin Dios establece el pacto con él (17:1-27). La señal del pacto es la circuncisión y la promesa es de un pacto perpetuo para toda su descendencia del hijo de la promesa. En este momento Dios cambia sus nombres de Abram a Abraham (17:5) y de Sarai a Sara (17:15). Además le da el nombre del hijo de la promesa que ha de nacer: Isaac (17:19).

A Sara ya le había cesado el período de las mujeres cuando la promesa del nacimiento de Isaac se reafirma (18:1-15), expresión ésta de que todo depende de la Gracia absoluta de Dios y que nada depende del poder humano.

La historia de la destrucción de Sodoma y Gomorra interrumpe la narración del nacimiento de Isaac (18:16 - 19:36) así como la apelación por parte de Abraham de salvaguardar la ciudad donde vivía su sobrino Lot. También se inserta aquí el encuentro entre Abraham y Abimelec (20:1-18) el rey de Gerar, a quien Abraham le presenta a Sara como su hermana, de igual manera que lo hizo al faraón de Egipto, y como entonces, otra vez recibe del rey grandes riquezas. Eventualmente entre los dos se estableció un pacto (21:22-34).

El nacimiento de Isaac resulta en la expulsión de Agar e Ismael (21:1-21). Por este tiempo Abraham tiene 100 años, Sara 90, e Ismael 14. Isaac es apenas un muchacho cuando Dios ordena a Abraham que lo sacrifique (22:1-19). Esta historia marcó la condena absoluta en Israel de todo sacrificio humano aunque, como veremos, tuvo lugar con demasiada frecuencia en años futuros.

Muerte de Sara y compra de la cueva de Macpela (23:1-20). Sara murió en Hebrón a los 127 años de edad. En esta época esa comarca pertenecía a los heteos, quienes eventualmente

El Imperio Hitita (de los *heteos*) floreció entre el Período Patriarcal y el del Éxodo (1600-1200 a.C); pero los heteos andaban por Canaán desde el tiempo de Abraham hasta el tiempo de David.

ejercieron su poderío a través del Imperio Hitita, ya pasado el período de los Patriarcas. Abraham compró de un heteo la cueva de Macpela y en ella fueron sepultados Sara y Abraham, Isaac y Rebeca, Lea (49:29-32) y Jacob (50:12-13). Hoy la Mezquita de Hebrón se alza sobre la cueva de su sepultura.

Además de Agar, Abraham tuvo otra concubina, Cetura, de la cual tuvo otros seis hijos, pero Isaac, el hijo de Sara, fue su único heredero (25:1-6; 12-16). Abraham separó a los hijos de sus concubinas, Ismael, el hijo de Agar, y los seis hijos de Cetura, de todo contacto con Isaac enviándolos a los desiertos de Siria y Arabia, al este y al sudeste de Canaán. Estas dos genealogías presentan la descendencia árabe de Abraham.

Muerte y sepultura de Abraham (25:7-10). Abraham sobrevivió a Sara por un poco más de un cuarto de siglo y murió a los 175 años, siendo sepultado en Hebrón, en la cueva de Macpela.

| Isaac |
| Ge. 17:19 - 35:29 |

Para las tradiciones sobre Isaac del 17:19 al 25:10 véase la sección anterior sobre Abraham. Entre ellas está la narración de cómo Isaac se casó con Rebeca, la hija de su primo Betuel y hermana de Labán (24:1-67). Ese tipo de matrimonio endogámico, es decir, dentro de la misma familia, era la norma entre los patriarcas. Al igual que su padre Abraham, Isaac pretendió que su esposa

Rebeca era su hermana y engañó a Abimelec, rey de Gerar (26:6-11). En consecuencia Isaac, como su padre Abraham, acumuló grandes riquezas y por fin hizo una alianza con Abimelec (26:12-33). Isaac y Rebeca tuvieron dos mellizos: Esaú (el mayor) y Jacob (25:19-26). Esaú vendió su primogenitura a su hermano Jacob (25:27-34) y en lo sucesivo la historia se centra en el hermano menor. Por su parte Esaú tomó por esposas a dos mujeres heteas (26:34), quebrantando así la norma endogámica. Fue por ello que Rebeca e Isaac enviaron a Jacob a buscar esposa dentro de su propia familia, en Padam-Aram (27:46 - 28:5). Al darse cuenta de la reacción de sus padres contra sus esposas cananeas Esaú tomó como esposa a Mahalat, la hija de Ismael (28:6-9) tratando así de satisfacer la norma del matrimonio dentro de la familia. Los descendientes de Esaú se enumeran en 36:1-43. Isaac vivió 180 años y murió en Hebrón. Fue sepultado en la cueva de Macpela (35:27-29).

Las tradiciones sobre Isaac son breves y la mayor parte de ellas están entrelazadas con las de Abraham y Jacob, quienes juegan un papel mucho más importante.

Jacob y sus hijos
Ge. 25:19 - 50:14

Para las tradiciones sobre Jacob del 25:19 al 28:5 véase la sección anterior sobre Isaac. Entre ellas están el nacimiento de Jacob y su hermano Esaú (25:19-26), la venta de la primogenitura (25:27-34), cómo engañó a su padre

Isaac y obtuvo de él la bendición que correspondía a su hermano (27:1-40), y su huída a Padan-aram, en parte para buscar una esposa que fuese de su propia familia, pero sobre todo por el temor a la furia de su hermano Esaú (27:41-8).

Por el camino a Padan-aram Jacob tiene un encuentro con Dios en Bet-el (28:10-22). Al llegar a la región de Padan-aram Jacob se encamina a Harán, el lugar de donde su abuelo Abraham partió para Canaán, y allí se encuentra con su tío Labán y sus dos hijas Raquel y Lea y se casa con sus dos primas. Además adquirió como concubinas las siervas de sus esposas, Zilpa y Bilha (29:1-30) De estas cuatro mujeres Jacob tuvo doce hijos y una hija. Fueron sus hijos: de Lea, Rubén, Simeón, Leví, Judá, Isacar, Zabulón y su hija Dina; de Bilha, Dan y Neftalí; de Zilpa, Gad y Aser; y de Raquel, José y Benjamín (29:31-30:24; 35:23-26).

Las relaciones entre Jacob y su suegro Labán estaban llenas de mutuos engaños y decepciones (30:25-31:16). Por fin Jacob huyó de Labán llevándose todos los bienes y posesiones que había acumulado en los años que vivió en Padan-aram. Además fueron con él sus cuatro mujeres y todos sus hijos (Benjamín no había nacido todavía). Antes de partir Rebeca se robó los ídolos de su padre (31:19). La importancia de estos dioses (heb. «terafim») es que en ellos descansaba el derecho de propiedad. Rebeca quiere que su esposo Jacob y su hijo José reciban el patrimonio familiar. Por fin Labán y Jacob establecieron un pacto (31:43-55) que marcó la frontera entre el territorio de Labán (Siria) y el de Jacob (Israel) e invocaron la presencia de Dios para que castigase a quien lo quebrantase.

El nombre de Jacob se volvió Israel (32:22-32). Jacob fue a ver a su hermano Esaú que estaba en Edom, al este del Jordán. Por el camino, al cruzar el arroyo de Jaboc, tuvo un encuentro con Dios quien le cambió el nombre de Jacob («el suplantador») por el de Israel («el que lucha con Dios»). Jacob se reconcilió con Esaú (33:1-17).

Al llegar a Canaán Dina, la hija de Lea, fue violada (34:1-31). Los hermanos de Dina, Simeón y Leví, vengaron la afrenta masacrando y destruyendo la ciudad de Siquem contra la objeción de Jacob. Por ello estas dos tribus perdieron su preeminencia (49:5-7).

Jacob regresa a Bet-el y recibe la bendición de Dios (35:1-15). Fue allí donde Jacob tuvo el encuentro con Dios cuando huía de Esaú (28:10-22). En testimonio de la bendición recibida Jacob erige «una señal de piedra». Eventualmente aquí hubo uno de los más importantes santuarios de todo Israel.

> Estos monumentos de piedra llamados *megalitos* («piedras grandes») provienen del período Neolítico *ca.* 5500-4000 a.C. En las tradiciones de Israel estos se interpretaron como lugares sagrados dedicados a Yavé.

Raquel tuvo a Benjamín pero murió del parto y fue sepultada en Belén (35:16-20). Poco después Rubén durmió con Bilha, la concubina de su padre

(35:22) y por eso la tribu de Rubén perdió su lugar, quedando la de Judá como principal (49:2-12). Judá tuvo relación sexual con su nuera Tamar (38:1-30). De esta relación nacieron dos mellizos, Fares y Zara. Fares fue el antepasado del rey David. Jacob y su familia se asentaron en Egipto (46:1-34). Vivió allí por 17 años y cuando murió fue sepultado en la cueva de Macpela, en Hebrón (49:28-50:14)

> **José**
> Ge. 30:22 - 50:26

La historia de José tiene las características de una novela. Es decir, mientras que las historias de los otros Patriarcas son como un collar de perlas en las que cada unidad tiene sentido y mensaje, en el caso de la historia de José hay que leer toda la obra para descubrir el mensaje esencial que ella proclama.

Raquel concibió y dio a luz a su hijo José en Padan-aram (30:22-24). Éste fue el hijo favorito de Jacob de modo que el celo se encendió entre sus hermanos contra él. José tuvo un par de sueños que hicieron que sus hermanos lo odiasen y por ello lo vendieron a unos mercaderes que lo llevaron a Egipto y lo vendieron como esclavo a Potifar. Jacob su padre creyó que José había muerto (37:1-36).

La esposa de Potifar acusó falsamente a José de que éste había tratado de seducirla y fué encarcelado (39:1-23). En la cárcel interpretó correctamente los sueños del copero y del panadero del faraón (40:1-23)

Tiempo más tarde el faraón tuvo un par de sueños enigmáticos que José interpretó anunciando siete años de abundancia seguidos por siete años de escasez. José recomendó al faraón que acumulase el trigo durante los siete años de abundancia para consumirlos en los de escasez. Agradecido por su revelación el faraón le da toda la autoridad para implementar el plan (41:1-50).

Además el faraón le dio por esposa a Asenat, hija de Potifera, el sacerdote de Ra, el dios del sol, de la ciudad de On, conocida más tarde, en el período helenístico, como Heliopolis= «Ciudad del Sol». De ella tuvo dos hijos, Manasés y Efraín (41:45-46, 50-52).

¿Cómo fue que un faraón egipcio dio tal autoridad y preeminencia a un semita extranjero? Ocurrió que cerca del año 1730 un grupo de semitas, llamados «hicsos» (= «reyes extranjeros») se adentró en el Delta de Egipto. Eventualmente los hicsos

Flavio Josefo cita en *Contra Apión* la obra *Aegyptiaca* de Manetón de Sebennitos (s. III a.C.) donde hay una referencia histórica muy importante a los hicsos. *Véase* **IJ**, pp. 17-18)

conquistaron el país debido a su superioridad militar. Fueron ellos quienes introdujeron en Egipto la carroza militar tirada por un par de caballos, y el arco laminado que les daba mayor alcance a sus flechas. Los hicsos gobernaron a Egipto durante las dinastías XV y XVI (ca. 1674-1550), y fueron ellos quienes situaron su capital, Avaris, en el Delta, cerca de la Tierra de Gosén, donde se establecieron los Israelitas.

Cuando llegan los años de escasez sus hermanos vienen a Egipto en busca de alimentos y por fin descubren que el gobernador de Egipto es su hermano José (42:1 - 45:24). Jacob y su familia vienen a Egipto y se establecen en Gosén (45:25 - 47:12). José usó la oportunidadde las condiciones económicas de Egipto para consolidar la autoridad del faraón sobre todo Egipto. Al terminar la Dinastía XII hubo un colapso de la autoridad central del faraón, pero cuatro siglos después, durante la Dinastía XIX, el faraón había recuperado su poder. Aquí se le atribuye este cambio a las políticas económicas de José (47:13-26). Jacob bendice a Efraín y Manasés, los hijos de José, dándole la bendición principal al hijo menor, Efraín (48:1-22). Cuando su padre murió Josué lo llevó y lo sepultó en la Cueva de Macpela (49:29 - 50:14). José murió a los 110 años de edad, lo embalsamaron y lo prepararon para llevarlo eventualmente a enterrarlo en la Cueva de Macpela (50:15-26).

El éxodo de Egipto

EDAD DEL BRONCE TARDÍO
ca. 1500-1200 a, C.

Bibliografía Especial

Cazelles, Henri. *En busca de Moisés.* Estella (Navarra):
    Verbo Divino, 1981,
Von Rad, Gerhard. *Teología del Antiguo Testamento, I.*
    Teología de las tradiciones históricas de Israel.
    Salamanca: Sígueme, 1969.
Wiéner, Claude. *El libro del Exodo.* CUADERNOS
    BÍBLICOS No 54. Estella (Navarra): Verbo Divino,
    1988.

ABO, pp. 58-59, 108
HI, pp. 129-172
HIJ, pp. 42-68
HPI, pp. 89-110
HIAT, pp. 80-149
IJ, pp. 35-37

Como vimos en la sección anterior en tiempos de los hicsos, cuando José y los israelitas llegaron a Egipto, la capital Avaris estaba junto a la región de Gosén. Pasaron cuatro siglos en los que la capital estuvo por otros lugares, pero para cuando Moisés encabezó el éxodo, otra vez la capital está junto a la región de Gosén donde residían los israelitas. ¿Cómo ocurrió tal cosa?

Los «hicsos» gobernaron a Egipto ca. 1710-1550 a.c., primeramente desde la ciudad de Menfis, al sur del Delta del Nilo, y después desde Avaris, situada al este del Delta, cerca de Gosén. Sus dinastías fueron la XV y la XVI. Mientras tanto, en el Alto Egipto, a unos 700 kms. (420 millas) al sur de Avaris, en la ciudad de Tebas, comenzó, ca. 1650, la dinastía XVII, puramente egipcia.

Kamosis, el último faraón de esta dinastía y su hermano Amosis, el fundador de la dinastía XVIII, encabezaron la lucha de independencia contra los hicsos hasta que en 1550 a. C. destruyeron la capital, Avaris, y los expulsaron de Egipto. Por fin el faraón Amosis estableció la capital de Egipto en su ciudad natal, Tebas.

> «Faraón» («casa grande») era el palacio real. La dinastía XIX llamó así al rey, y hoy se usa para los reyes de Egipto, aún los anteriores.

Uno de los últimos faraones de la dinastía XVIII fue Amenofis IV/Akhenatén (1370-1353 a. C.), quien transformó la religión egipcia dándole visos de monoteísmo con el culto al dios Atén, el disco solar, lo que precipitó pugnas entre los sacerdotes del dios Amón y el faraón. Por ello Akhenatén estableció su capital en Akhetatón, a mitad de distancia entre Tebas y Menfis. Cuando murió Akhenatén los sacerdotes de Amón borraron los vestigios del culto a Atén, destruyeron la capital, y restauraron el culto politeísta tradicional de Egipto. Hubo entonces una rápida sucesión de faraones hasta que en 1310 a. C. se establece la poderosa dinastía XIX. Debido a la política de esa dinastía de expander su poder hacia el Cercano Oriente la capital de Egipto se mudó de nuevo a Avaris y después a Ramses, durante el reinado de del faraón Ramses II.

Liberación de Israel
Ex 1:1 - 15:21

La situación de los israelitas se tornó onerosa una vez que los hicsos fueron expulsados de Egipto. Discriminados y oprimidos, porque para los egipcios es abominación todo pastor de ovejas (Gn 46:34) los descendientes de Jacob fueron sometidos a la esclavitud junto con todos los otros «apiru». Eventualmente su liberación se logró a través del éxodo. La palabra «éxodo» significa «salida al camino» y nos viene del nombre del segundo libro de la traducción del Antiguo Testamento al griego. El libro se llama así porque describe la salida de Israel al camino rumbo a la Tierra Prometida.

«Hebreo» corresponde a *Apiru/habiru*, términos egipcio y semita, Los israelitas eran «apiru», pero no todos los «apiru» eran israelitas. *Cf.* **IJ** pp. 35 y 36.

La narración comienza con la liberación de Israel de la opresión a mano de los egipcios. Téngase en cuenta que en la Biblia los diversos faraones no se identifican por nombre hasta que surje la monarquía en Israel. Es posible que esto se deba a que cada faraón tenía por lo menos cinco nombres distintos y cada uno de ellos era bastante complicado. Solamente identificando las circunstancias contemporáneas podemos hoy identificar a qué faraón se refiere el texto. Con toda probabilidad el faraón de la opresión fue Seti I (1308-1290 a.C.) y el del éxodo fue su hijo, Ramses II (1290-1224 a.C.).

La dinastía XIX, por proteger la frontera de Egipto con Canaán, mudó la capital hacia el Delta y utilizó a los Isrelitas, como esclavos en la construcción de las ciudades fronterizas de Pitón y Ramses (1:1-11).

El faraón, preocupado por los grandes números de los israelitas ordenó que se matasen todos los niños varones (1:12-22). Moisés se salvó de este destino por la intervención de la hija del faraón, quien según la tradición bíblica le dio el nombre hebreo de Moisés, «sacado de las aguas». Pero en hebreo en realidad el nombre significa «el que saca de las aguas». Lo más probable es que la hija del faraón le diese el nombre en egipcio y en ese caso las consonantes «MSS» en el nombre «Moisés» son parte típica de los nombres de los faraones de las dinastías XVIII y XIX tales como Amosis, Tutmosis, Ramses y otros (2:1-10).

La lengua egipcia se escribe sin vocales. MSS significa «engendrado por» y A, Tut y Ra son nombres de dioses. En hebreo *natán* significa «don». Jonatán es

«Don de Yavé» y Nataniel es «Don de Dios». Pero hay un nombre Natán que significa «Don de...» sin mencionar el nombre divino. Seguramente lo mismo pasó con Moisés, que abandonó la mención de un dios egipcio.

A pesar de ser criado en la corte egipcia, Moisés no olvidó su solidaridad con su gente y por fin tuvo que huir a la tierra de Madián (2:11-15). Allí vivió en casa del sacerdote madianita, Reuel, también conocido como Jetro (3:1) y Hobab el quenita (Ju 1:16). Este era descendiente de Abraham a través de Cetura (Ge 25:2) y fue muy influyente en la formación religiosa y política de Israel. Moisés se casó con su hija, Séfora. (2:11-22)

Un día, mientras pastoreaba el rebaño de su suegro Jetro, tuvo en Horeb/Sinaí un extraordinario encuentro donde Dios le reveló su nombre, Yavé, y recibió el llamado a rescatar a su pueblo (3:1-4:17).

> «Sinaí» en la tradición *yavista*, «Horeb» en la *elohista*. Es el mismo monte, conocido con dos nombres distintos.

En el camino de regreso a Egipto Séfora afirma la importancia de la circuncisión (4:18-26) Moisés regresa a Egipto y con su hermano Aarón se enfrenta al faraón (5:1- 6:30) En consecuencia a estos encuentros con el faraón Dios envía las plagas que asolaron a Egipto (7:1-12:36).

Cuando por fin partió Israel de Egipto el grupo no consistía solamente de los descendientes de Jacob, sino que también subió con ellos una gran multitud de toda clase de gentes (12:38). Es sumamente importante tener esto en cuenta puesto que en la formación de Israel estos distintos grupos tribales llegaron a ser tan parte de Israel como lo fueron los descendientes de Jacob. Igualmente a lo largo de la historia otros muchos grupos se unieron a esta comunidad.

Los israelitas escaparon desde Ramsés hasta «Yam Suf» (=«Lago de los Juncos»). En la versión griega, llamada Septuaginta, hecha por los judíos de Alejandría en el Siglo II a.C., se identifica Yam Suf

> En hebreo *Yam* se usa tanto para un lago como para un mar. *Cf.* «Mar Muerto» y «Mar de Galilea». Ambos son lagos bien pequeños.

con «Erithrea Thalassa» (=«Mar Rojo») y lo mismo se hizo en la versión de Jerónimo, la Vulgata donde se le llama «Mare Rubrum». Es de ahí, y no del texto hebreo, de donde viene la referencia al «Mar Rojo» en muchas de nuestras Biblias. El problema es que el Mar Rojo queda a más de 440 kms. de donde partieron los israelitas y tal viaje no se podría haber hecho antes de que el faraón enviase sus carrozas a perseguir a los israelitas. Ni siquiera es posible considerar el Golfo de Suez que está a más de 120 kms. Yam Suf tiene que haber sido uno de los lagos que hoy forman parte del Canal de Suez, posiblemente el Lago Timsah. Allí, en Yam Suf, quedaron destruídas las carrozas egipcias que les perseguían (14:1-31).

Del Mar a Moab
Ex 15:22 - 24:18; 31:18 - 34:9;
Nm 10:11- 32:42;
Dt 34:1-12

Los israelitas llegaron al Monte Sinaí tres meses después de haber salido de Egipto (19:1). Por el camino ocurrieron cosas extraordinarias. Había una constante queja y disgusto por parte del pueblo, pero a pesar de ello Dios proveyó para Israel durante toda su peregrinación. Endulzó las aguas amargas de Mara (15:22-27), les dio el maná y las codornices para alimentarlos por el camino (16:1-36), y les suministró agua de la roca (17:1-7). Cuando los amalecitas los atacaron Moisés comisionó a Josué como jefe del ejército y Dios le dio la victoria (17:8-16). Jetro, el suegro de Moisés, le trajo a su esposa Séfora y a sus dos hijos, Gersón y Eliezer (18:1-12), quienes habían estado con él en tanto que Moisés fue a Egipto. Además Jetro le aconsejó en la organización administrativa de Israel (18:13-27).

Para Israel el Monte Sinaí es central en su experiencia religiosa. El pacto entre Dios e Israel fue hecho en Sinaí, en el mismo lugar donde Moisés recibió el llamado de Dios (19:1-25; 24:1-18). Pero fué allí mismo donde Israel

La tradición del Sinaí (Ex 19:1 - Nm 10:10) fusiona leyes de diversos períodos. Desde las más antiguas hasta las tradiciones «sacerdotales» que fueron compiladas durante el Exilio en Babilonia.

violó este pacto al adorar el becerro de oro (32:1-33), y
fue allí mismo donde Dios les renovó el pacto (34:1-9).
Estuvieron acampados allí once meses (Nm 10:11-12).
Cuando partieron Dios continuó sosteniéndolos,
dándoles el maná y las codornices, a pesar de la mala
actitud del pueblo (11: 1-35), Al llegar junto a Canaán
Moisés envió doce exploradores que penetraron por el
sur desde el Neguev, camino de Hebrón hasta el norte
de Canaán. Diez de los hombres reportaron que era
imposible conquistar esa tierra. Solamente Josué y
Caleb afirmaron que Dios les daría la victoria. La
multitud se rebeló contra la idea de adentrarse en
Canaán y en consecuencia Dios decretó que todos
morirían en el desierto con la sola excepción de Josué
y Caleb (13:1 - 14:38).

Los israelitas trataron de invadir a Canaán desde
el sur pero sufrieron una gran derrota en Horma (14:39-
45). Por fin acamparon en el oasis de Cades-barnea, al
sur de Canaán, entre el desierto de Parán y el de Zin
(20:1). Fue allí donde pasaron la mayor parte de los
cuarenta años que estuvieron en el desierto, pero por fin
decidieron continuar su peregrinaje. En la región de
Transjordania había una importante ruta llamada el
«Camino Real» que partía desde el Golfo de Aqaba, al
este de la Península de Sinaí, y cruzaba los territorios de
Edom, Moab, los amorreos, Galaad y Basán hasta
adentrarse en Aram y llegar a Damasco. Moisés trató
de seguir esta vía rumbo al norte pero el rey de Edom se
lo prohibió y anduvieron por tanto junto a la frontera de

Edom (20:14-20). Al llegar a Moab no pudieron tomar el Camino Real y rodearon la región (21:10-20). Una vez junto al territorio de los amorreos le pidieron permiso a Sehón para andar por esa ruta, pero el rey de los amorreos, Sehón optó por atacarlos. Vencieron los israelitas y esa región de Transjordania fue su primer territorio (21:21-26). Lo mismo ocurrió con la región de Basán (21:31-35). Esa región al este del Jordán fue donde se asentaron las tribus de Rubén y Gad y la media tribu de Manasés (32:1-42).

Fue desde esa sección al este del Jordán, desde el Monte Nebo, que Moisés vió la Tierra Prometida, pero nunca puso sus pies en ella (Dt. 34:1-6). Allí murió Moisés... y ninguno conoce el lugar de su sepultura hasta hoy. Tenía Moisés ciento veinte años de edad cuando murió (34:5-7). Nunca más se levantó un profeta en Israel como Moisés (34:10).

Israel en Canaán

EDAD DEL BRONCE TARDÍO
ca. 1500-1200 a, C.

Bibliografía Especial

Gilbert, Pierre. *Los libros de Samuel y de los Reyes.*
CUADERNOS BIBLICOS No 44. Estella
(Navarra): Verbo Divino, 1990, pp. 5-20.
Michaud, Robert. *De la entrada en Canaán al destierro
en Babilonia: Historia y teología.* Estella
(Navarra): Verbo Divino, 1993, pp. 17-50.

ABO, pp. 60-63
HI, pp. 154-225
HIJ, pp. 52-84
HPI, pp. 97-118
HIAT, pp. 117-169
IJ, pp. 40-48

Hacia el fin de la dinastía XIX y el principio de la XX Egipto estuvo enfrascado en luchas por el trono. Como consecuencia su soberanía y autoridad en Canaán quedó sumamente debilitada. Fue por ello que los israelitas lograron establecerse en la Sierra Central y en Transjordania de lo que era supuestamente territorio egipcio.

El Libro de Josué es uno de los libros que forman la «Historia Deuteronómica». (Josué, Jueces, Samuel (1° y 2°), y Reyes (1° y 2°). Esta obra fue motivada por la

teología del Libro de Deuteronomio y aunque fue
escrita durante el Exilio en Babilonia, lo cierto es que
incluye antiquísimas tradiciones. Lo complejo de la
obra se aprecia cuando se ve que por una parte se
afirma que todo Canaán fue conquistado por Josué
(10:40-43), y por otra parte se declara que la conquista
no fue absoluta. En la región sur, por ejemplo,
Jerusalén no fue conquistada hasta el tiempo de David,
como tampoco lo fue Ascalón. Hacia el norte, en las
cercanías al Valle de Jezreel, lo mismo ocurrió con
Acre, Meguido, Tanac y Betsán, .y Gezer no pasó a ser
parte de Israel hasta el reinado de Salomón (1 R 9:16).
De hecho, los cananeos no fueron totalmente sometidos
hasta 300 años después de la entrada de Israel en la
tierra de Canaán (1 R 9:21).

La Conquista
Jos 1:1 - 12:24

El Libro de Josué
presupone que todo el pueblo
actúa en conjunto y al unísono,
pero lo cierto es que cada tribu
tenía sus propias empresas con total independencia de
las otras. Cuando Moisés murió, Josué asumió el
mando y lo primero que hizo fue que envió a dos espías
a Jericó (2:1-24). Una vez que
los espías reportaron, Israel
partió de Sitim bajo el liderato
de Josué. Al llegar al Río
Jordán las aguas se abrieron
entre Adam y el Mar Muerto,

El Mar Muerto se
conocía entonces
como «Mar de Sal»
o «Mar de la Arabá»

los israelitas cruzaron el río y acamparon en Gilgal (3:1-4:24).

Según el texto Jericó fue destruída por Israel (5:1 - 6:27), pero las investigaciones arqueológicas muestran que Jericó fue destruída mucho antes (ca. 1550), por el tiempo en que los hicsos fueron expulsados de Egipto, y no volvió a ser ocupada hasta tiempo después de la Conquista. Uno de los israelitas, Acán, fue ejecutado en el valle de Acor por desobedecer las órdenes de no tomar botín ni prisioneros (7:24-26). Dice la narración que los israelitas atacaron a Hai y la convirtieron en un montón de ruinas (8:1-29) Pero lo cierto es que Hai fue destruída en el siglo XXII y no fue reconstruída hasta 1200-1000 a.c. Es posible que esta historia esté basada en la destrucción de otra ciudad muy cercana, Bet-el, la cual no se cuenta en la Biblia pero sabemos que fue destruída en el siglo XIII.

Los gabaonitas, viendo lo que ocurría a otros cananeos, engañaron a Josué pretendiendo que venían de otras tierras lejanas e hicieron un pacto con Israel. Cuando los Israelitas se enteraron del engaño les perdonaron la vida pero los hicieron siervos de Israel para siempre (9:3-22). Los reyes de Jerusalén, Hebrón, Jarmut, Laquis y Eglón fueron a la guerra contra Gabaón, pero Josué salió en su defensa y persiguió a los reyes por el camino a Bet-horón hasta llegar a Azeca y Maceda y los derrotó(10:1-42). En el norte, los reyes de Hazor, Madón, Simrón y Acsaf fueron los líderes de otra coalición contra Josué, la cual fue derrotada junto a las aguas de Merom (11:1-15). Todos estos reyes pagaron con sus vidas.

Se le acredita a Josué la conquista de toda aquella tierra, las montañas de la Sierra Central, el Neguev, toda la tierra de Gosén, los llanos , el Arabá, desde el monte Halac en el sur hasta Baal-gad en la falda del monte Hermón (11: 16-17).

La Distribución
Jos 13:1 - 22:34

Pero lo cierto es que quedaba mucha tierra por conquistar, como Filistea con sus cinco ciudades: Gaza, Asdod, Ascalón, Gat y Ecrón (13:2-3). De muchas otras no se expulsó a los cananeos, como de Betseán, Taanac, Dor, Ibelam, Meguido, Gezer, Naatal, Aco, Sidón, Aczib, Rehob, Bet-anat, Ajalón, etc. (Jue 1:27-36).

Cuando se distribuyeron las tierras, Transjordán, desde el rio Arnón hacia el norte, fue dada a Rubén, a Gad y a la media tribu de Manasés (13:1-32). A Caleb, quien no era israelita sino cenezeo, se le dio Hebrón (14:6-15) y a Otniel, también cenezeo, se le dio Debir (15:13-19) En Gilgal se echaron suertes para decidir los territorios de Judá, Efraín y Manasés (15:1 - 17:18). En Silo se asignó el resto del territorio a Benjamín, Simeón, Zabulón, Isacar, Aser, Neftalí y Dan (18:1 - 19:51). Se designaron seis ciudades de refugio (20:1-9) y otras 48 ciudades situadas dentro de otras tribus fueron asignadas a la tribu de Leví (21:1-42).

La renovación del pacto
Jos 23:1 - 24:33

Josué renovó la alianza con Yavé en la ciudad de Siquem, entre el monte Gerizim y el monte Ebal. No hay evidencia arqueológica ni referencia alguna en la Biblia de que esta ciudad fuese conquistada o destruída en el siglo XIII o XII, pero sí la hay de que fue destruída por las tribus de Simeón y Leví (Ge 34:1-31). Es evidente que grupos hebreos radicaban allí desde el período patriarcal. El faraón Merneptah (1224-1216), hijo y sucesor de Ramses II, declaró en una estela que celebra su campaña en Asia (*ca.* 1220), «Israel está

Para la «Estela de Merneptah» véase **IJ**, p. 37

aniquilado y su simiente no saldrá jamás». Fuera de la Biblia este es el primer texto que menciona un grupo llamado Israel y lo sitúa ya en la región de Canaán. En la renovación del pacto participaron descendientes de los que vinieron de Egipto, hebreos cuyos antepasados nunca fueron a Egipto, y cananeos (24:1-28).

Poco tiempo después Josué murió a la edad de 110 años y lo sepultaron en su propiedad en Timnat-sera (24:29-30). *En Siquem*, parte del territorio asignado a los descendiente de José, *enterraron los huesos de José* que los hijos de Israel habían traído de Egipto (24:32).

> ## Principio de la Edad de Hierro
> 1200 - 1000 a.C,

Durante la dinastía XX Egipto se vió asolado por los «Pueblos del Mar» quienes trataron de conquistar el Delta del Nilo. Entre ellos estaban los filisteos Al mismo tiempo que los israelitas entraban por el este, los filisteos entraban en Canaán por el oeste. Las pugnas entre ambos pueblos duraron por siglos,.

El Libro de Jueces contiene historias detalladas de unos pocos jueces: Débora, Gedeón, Jefté y Sansón. De los otros como Otoniel, Aod, Samgar, Tola, Jair, Ibzán, Elón y Abdón no hay más que breves narraciones o apenas una escueta mención. Al estudiar las historias de los jueces es evidente que cada uno de ellos tenía que ver solamente con una tribu o, a lo sumo, con un pequeño grupo de tribus.

Sin embargo, el autor del libro de Jueces los concibió como si cada uno de ellos fuese juez de todo Israel y como si hubiesen obrado en sucesión. Las historias de los diversos jueces fueron hilvanadas dentro de una estructura que tiene cuatro puntos: a) Israel se olvida de su pacto con Yavé y se va tras otros dioses; b) en consecuencia, Dios los abandona a sus enemigos; c) Israel se arrepiente y pide la ayuda de Dios; d) Dios les brinda un «juez» que los libera y durante la vida del juez Israel es fiel y vive en prosperidad, pero al morir el juez comienza otro ciclo. Como resultado de poner los jueces en sucesión y de brindar números de años para cada ciclo, el período de los jueces parece abarcar 410 años, pero lo cierto es que solamente ocupa 180 años (del 1200 al 1020 a.C.).

Los Jueces
Jue 2:11 - 16:31

La situación durante el período de los jueces se describe muy bien con el refrán, repetido muchas veces en el Libro de Jueces, que dice: «En aquellos días no había rey en Israel y cada cual hacía lo que bien le parecía» (17:6; 18:1; 19:1; 21:25).

Otoniel conquistó la ciudad cananea Debir (o Quiriat-Séfer) y libró a Israel del rey de Siria, Cusan-risataim (Jue 1:12-13; 3:7-11).

Aod de la tribu de Benjamín. Mató a Eglón, rey de Moab, y venció a los moabitas (Jue 3:12-30)

Samgar era hijo de Anat, lo cual indica posiblemente que era oriundo de Bet-Anat.   Mató a 600 filisteos con una quijada de buey (Jue 3.31).

Débora era una mujer juez que llamó a Barac, de Cedes de Neftalí, para que dirigiera a los israelitas contra Sísara, capitán del ejército de Jabín, rey de Hazor. La victoria de Israel se celebra en el «Cántico de Débora y Barac» (Jue 4:1-5:31).

Gedeón derribó un altar de Baal, el dios cananeo y por ello se le llamó «Jerobaal». Con 300 hombres derrotó a los madianitas y capturó sus reyes (Jue 6:1 - 8:35).

Abimelec, hijo de Gedeón, mató a sus sesenta hermanos para ganar el poder y fue hecho rey en Siquem, al estilo de los reyes cananeos. La ciudad eventualmente se rebeló contra Abimelec y fue destruída. Abimelec murió al atacar a Tebes lo que puso fin al primer intento de monarquía en Israel (Jue 9:1-57).

Tola de Isacar que vivió en Samir, en los montes de Efraín (Jue 10.1-2).

Jair cuyos 30 hijos tenían 30 ciudades en Galaad (Jue 10.3-5).

Jefté hijo de una prostituta, fue echado de su casa por sus hermanastros, pero llegó a ser juez de Israel. Dirigió a los de la tribu de Galaad contra los amonitas. Sacrificó a su hija a Yavé en cumplimiento de una promesa (Jue 11:1 - 12:7).

Ibzán de Belén en Zabulón (no de Judá), quien tuvo30 hijos y 30 hijas (Jue 12:9-10).

Elón el zabulonita (Jue 12:11-12).

Abdón de Piratón (Jue 12:13-15).

Sansón hombre de una fuerza extraordinaria, mató a mil filisteos con una quijada de burro; fue engañado por Dalila lo que le costó la vista; y destruyó un templo filisteo al momento de su trágica muerte (Jue 13:1 - 16:31).

Al final del Libro de Jueces se cuenta cómo los danitas, a quienes se les asignó la región sur de la

Llanura Costera donde estaban los filisteos,   no pudieron derrotarlos y el remanente de la tribu marchó al extremo norte donde conquistaron a Lais, que llamaron Dan (Jue 17:1 -18:31). Por último se narra la afrenta cometida por la tribu de Benjamín y cómo fue atacado por las demás tribus (Jue 19:1 -21:24).

Samuel y Saúl
1 S   1:1 - 31:13

Los filisteos, como «Pueblos del Mar» venidos del Mar Egeo, trajeron consigo el secreto de cómo trabajar el hierro.   La superioridad militar que esto les daba resultó en la derrota de la tribu de Dan y la necesidad de mudar el remanente de Dan rumbo al norte.   En lo sucesivo los filisteos fueron una constante amenaza para todas las tribus de Israel pues comenzaron a moverse hacia la Sierra Central donde estaban la mayor parte de ellas. Esto resultó ser un problema que no podía resolver cada tribu con su propio juez.   Hacía falta una fuerza unificadora. ¡Hacía falta un rey!

Samuel, el último juez, hijo de Elcana, se crió en el santuario de Silo bajo la supervisión del sacerdote Elí (1:1 -3:21). El santuario de Silo fue destruído y el arca fue capturada por los filisteos (4:1-22; véase Jer 7: 12-14). Durante siete meses ocurrieron desastres en Filistia por la presencia del arca. Por fin los filisteos la devolvieron a Israel y fue puesta en la casa de Abinadab, en Quiriat-jearim (5:1 -7:1). Al cabo de veinte años Samuel funge como profeta (7:3), juez (7:6) y sacerdote (7:9) . Samuel vivió en Ramá y desde allí juzgó a Israel. Cada año hacía un recorrido de unos 50 kms (30 millas), por la Sierra Central, en la región de la tribu de Efraín, juzgando a Israel en Bet-el, Gilgal y Mizpa (7:15-16).

Saúl, de la tribu de Benjamín, fue ungido como rey por Samuel debido a la presión del pueblo que quería tener un rey (8:1- 10:27) Saúl llamó a Israel a luchar contra los amonitas para acudir en ayuda de Jabes de Galaad, y tras la victoria fue reconocido por todo Israel como rey en Gilgal (11:1:15). Jonatán, el hijo de Saúl, y su escudero atacaron la guarnición filistea del desfiladero cerca de Micmas. Inspirados por ellos los israelitas derrotaron a los fifisteos desde Micmas hasta Ajalón (14:1-46). Pero Saúl tenía un grave problema, él estaba en uno de esos períodos de transición en los que es sumamente difícil funcionar. La transición de los jueces a la monarquía era cosa de mayor cuantía. Las tradiciones antimonárquicas que se incorporan en la Historia Deuteronómica llaman a Saúl «rey», pero las que están a favor de la monarquía nunca le confieren ese título pues juzgan que él nunca fue rey. No tenía palacio, ni harén, ni un numeroso ejército profesional, y no cobraba impuestos, todo lo cual era esencial para un rey de aquellos tiempos. Y cuando desobedeció la orden directa de Samuel, el profeta lo repudió y nunca más lo volvió a ver (15:1-35). Ya muerto Samuel, Saúl trató de consultarlo sobre sus conflictos con los filisteos mediante una adivina o espiritista, pero el repudio de Samuel fue violento (28:3-25). En la batalla del Monte Gilboa, en la que los ejércitos de las cinco ciudades de Filistia combatieron contra Israel, Saúl y sus hijos hayaron su muerte (31:1-13).

David y Salomón

Bibliografía Especial

Gilbert, Pierre. *Los libros de Samuel y de los Reyes.*
CUADERNOS BIBLICOS No 44. Estella
(Navarra): Verbo Divino, 1990, pp. 21- 40.

ABO, pp. 64-65
HI, pp. 234-273
HIJ, pp. 86-94
HPI, pp. 135-155
HIAT, pp. 190-242
IJ, pp. 50-52

A principios del último milenio antes de Jesucristo la situación en el Cercano Oriente cambió radicalmente porque ya los grandes imperios de la antigüedad eran cosa del pasado. En Egipto estamos en el Tercer Período Intermedio con la dinastía XXI, cuando el poder de los faraones declinó por completo y los sacerdotes resultaron ser los verdaderos gobernantes. En Mesopotamia tenemos una sucesión de reyes relativamente débiles hasta que, a principios del siglo IX el Imperio Asirio conquistó el norte de Siria y comenzó a moverse rumbo al sur. Y el Asia Menor, centro unos siglos antes del poderoso Imperio Hitita, ahora está enfrascada con la invasión y colonización de los pueblos indo-europeos: dorios, jonios y eolios. Como resultado de todo ello los pueblos menores del suroeste del Creciente Fértil no tienen que preocuparse por las potencias internacionales sino solamente por sus vecinos inmediatos. Fue en esta situación que David y Salomón pudieron crear un pequeño pero poderoso imperio.

> ***David*** (1000-961)
> 1 S 16:1 - 1 R 2:11
> 1 Cr 11:1 - 29:30

Las historias de David ocupan una buena parte del Antiguo Testamento. En la Historia Deuteronómica (Josué, Jueces, Samuel y Reyes), escrita durante la Reforma de Josías (ca. 621 a.C), David tiene 42 capítulos, y en la Historia del Cronista (Crónicas y Esdras/Nehemías) escrita durante el Período Persa (unos dos siglos después) tiene 19 capítulos

David era hijo de Isaí, vecino de Belén, el menor de ocho hermanos. Las primeras referencias a él ocurren durante el reinado de Saúl, cuando Samuel lo ungió en secreto como rey de Israel (1 S 16:1-13). La Biblia cuenta dos tradiciones distintas de cómo pasó a ser ayudante de Saúl. Una se basa en su don como músico (1 S 16:14-23); la otra en su habilidad militar cuando mató al gigante filisteo, Goliat (1 S 17:1-58). La independencia de

> El cronista soluciona el problema diciendo que Elhanán mató a Lahmi, el hermano de Goliat. (1 Cr 20:5)

las dos tradiciones es evidente cuando se ve que, en la historia de Goliat, ni Saúl ni Abner conocen a David. Además, en 2 S 21:19 se dice que fue Elhanán quien mató a Goliat.

Al regresar Saúl y David a la ciudad las mujeres los recibieron con un canto en el que celebraban a David como superior a Saúl (1 S 18:6-9). Además Jonatán, el hijo mayor de Saúl, se hizo amigo íntimo de David (1 S 18:1-5; 20:1-42), y su hija Mical y David se enamoraron, y David la ganó al precio de cien prepucios de filisteos (1 S 18:20-30). Todo esto encendió la ira y el celo de Saúl al punto que dos veces trató de matar a David. David huyó de Saúl y se refugió en el bosque de Haret junto con sus seguidores. Sometido a constantes persecuciones, David tiene dos veces la oportunidad de matar a Saúl, pero las dos veces David le perdona la vida (1 S 22-26).

David decidió irse a donde los filisteos y entró al servicio del rey Aquis de Gat como mercenario, con su ejército de 600 hombres. El rey filisteo le dio a David la ciudad de Siclag (1 S 27:1 - 28:2). Cuando llegó la batalla del monte Gilboa los otros cuatro reyes de los filisteos se negaron a permitir que David y sus mercenarios fuesen parte de su ejército (1 S 29:1-11). Al enterarse de la muerte de Saúl y Jonatán David irrumpió en su hermoso *Lamento* (2 S 1:19-27).

Cuando Saúl murió David fue a Hebrón y allí, posiblemente en el antiguo santuario de Mamre, fue proclamado rey de Judá (2 S 2: 1-4). Desde allí gobernó por siete años y medio sobre Judá mientras que a Israel lo gobernaba Is-boset, hijo de Saúl. Entre ambos reinos había pugna constante (2 S 2:8-4:12) Por fin, a la muerte de Is-boset, las tribus de Israel vinieron a Hebrón y proclamaron a David rey de Israel (2 S 5:1-5).

Así comenzó el Reino Unido. Pero David tomó medidas importantes para consolidar su posición. En primer lugar hizo arreglos con Abner, el jefe de los ejércitos de Israel, para recobrar a su ex-esposa Mical. El matrimonio de la hija de Saúl con David había sido anulado y ella tenía un nuevo esposo, pero la intención de David era tener hijos de ella que fuesen de la genealogía de Saúl para así consolidar su trono (2 S 3:12-21). En segundo lugar David conquistó la ciudad de Jerusalén con su ejército personal que le había servido desde que se escapó de Saúl. El uso de esa tropa significó que la ciudad conquistada no pertenecía a ninguna tribu sino que era «la Ciudad de David». Situada precisamente en la frontera entre Israel y Judá, Jerusalén quedaba en una situación idónea para gobernar ambos reinos (2 S 5:6-10). Por último, trajo el Arca del pacto a Jerusalén para consolidar la importancia de su nueva capital al hacerla el centro de la devoción religiosa a Yavé (2 S 6:1-23)

David emprendió una serie de campañas militares en las que puso fin a las amenazas de Filistia y conquistó los reinos de Edom, Moab, Amón y Siria creando, de hecho, un pequeño pero poderoso imperio.

Desde el Mar Mediterráneo hasta el Desierto de Arabia, y desde el Golfo de Aqaba hasta Kadesh, al norte de Damasco, todo pertenecía a David (2 S 8:1 -10:19). Pero a pesar de todo ello el Reino Unido es en realidad dos reinos: Judá e Israel.

Casi terminadas sus campañas de conquista David incurre en una falta tan grave por la que sufrió después terribles consecuencias. El adulterio con Betsabé, la esposa de Urías el heteo, y la muerte de Urías para que David pudiese tomar su mujer fueron condenados por Dios a través de Natán, el profeta. De esa relación nació un niño que murió. Tiempo después les nació otro hijo, Salomón (2 S 11:1-12:24).

En lo sucesivo una crisis sigue a otra crisis, una calamidad sigue a la otra. La hija de David, Tamar, fue violada por su medio hermano, Amnón. El hermano de Tamar, Absalón, mató a Amnón y encabezó una rebelión contra su padre David. Eventualmente Absalón fue muerto por Joab para sufrimiento de David: «¡Hijo mío Absalón, hijo mío, hijo mío Absalón! ¡Quién me diera haber muerto en tu lugar, Absalón, hijo mío, hijo mío!» (2 S 13:1 - 18:33). David regresó a Jerusalén y otra vez unificó la nación   (2 S 19:1 - 20:22).

Cuando David era ya muy viejo, uno de sus hijos, Adonías, hijo de su concubina Haguit, se rebeló y usurpó el trono. El profeta Natán y Betsabé conspiraron en contra de Adonías y lograron que David proclamase rey a su hijo Salomón poco antes de morir (1 R 1:1 - 2:11).

> **Salomón** (961-922)
> 1 R 1:1 - 11:43
> 1 Cr 28:1- 2 Cr 9:31

Cuando Salomón ascendió al trono lo primero que hizo fue consolidar su poder eliminando a todos los que habían apoyado a Adonías, su hermano mayor, como el próximo rey de Israel. Mandó a matar a Adonías su hermano, a Joab, a pesar de que estaba asido de los cuernos del altar, y a Simei. A Abiatar, quien era descendiente de Elí y fue el sacerdote que sirvió a David, lo desterró al pueblo de Anatot (2:13-46).

Durante su reinado Israel prosperó abundantemente. Como que su reino se extendía desde el Mediterráneo hasta el Desierto de Arabia, Salomón controlaba el «Camino del Mar», el «Camino Real», y el «Camino de la Sierra», todas las rutas que comunicaban a Europa, Africa y Asia.

Salomón organizó la administración de su gobierno en una manera mucho más compleja que en tiempos de David. Dividió a Israel en doce distritos, cada uno de los cuales tenía la responsabilidad de pagar impuestos y de abastecer por un mes de cada año todas las necesidades del palacio real.. De este sistema tributario se eximió a Judá (4:7-17). Además hizo toda suerte de arreglos y pactos comerciales con otros pueblos. Con Hiram, rey de Tiro, en Fenicia, hizo arreglos para construir su palacio y el Templo de Jerusalén puesto que los fenicios tenían una ingeniería y arquitedtura muy superior a los israelitas. De Fenicia se importaron los técnicos y especialistas, pero Salomón impuso trabajos forzados a los israelitas para las labores de construcción. (5:1-18). En la Biblia se enfatizan los detalles de la construcción y detalles del Templo de Jerusalén debido a la importancia que adquirió tiempo después. Pero cuando se construyó el templo éste era, en realidad, la capilla del palacio real (6:1 - 8:66). El Templo de Jerusalén fue construído siguiendo el diseño típico de los templos cananeos y fenicios.

Salomón también hizo con Hiram arreglos para establecer una flota naval en Ezión-geber, en el Golfo de Aqaba que se dedicó al tráfico por el Mar Rojo y posiblemente hacia el Océano Índico mediante contactos con el reino de Sabá, en la Península de Arabia (9:26-28).

A pesar de la prosperidad y de la famosa sabiduría de Salomón, este rey cometió grandes errores que provocaron la desintegración del Reino Unido. La distinción entre Israel y Judá, con la exención de impuestos y de trabajos forzados para los de Judá creó una animosidad entre los dos reinos. Su enorme harén con 700 mujeres y 300 concubinas a las cuales permitió que adorasen a sus dioses extranjeros en Jerusalén creó problemas con los devotos al Dios de Israel (11:1-13). Por ello el profeta Ahías anunció a Jeroboam, uno de los gobernadores de Salomón, que él era llamado por

Dios para darle la independencia a Israel del reino de Judá. Al saberlo Salomón trató de matar a Jeroboam pero este se asiló en Egipto hasta la muerte de Salomón (11:29-43).

Los reinos de Israel y Judá

> **LOS REINOS DIVIDIDOS**
> 922-587 a.C.

Bibliografía Especial

Gilbert, Pierre. *Los libros de Samuel y de los Reyes.*
CUADERNOS BIBLICOS No 44. Estella
(Navarra): Verbo Divino, 1990, pp. 40-49.

ABO, pp. 68-73
HI, pp. 275-406
HIJ, pp. 95-138
HPI, pp. 159-192
HIAT, pp. 243-365
IJ, pp. 54-85

Al dividirse los dos reinos Israel mantuvo la tradición mosaica a lo largo de toda su historia. Hubo tiempos de crisis y reyes que traicionaron el pacto entre Israel y Yavé, pero de hecho nunca se olvidaron del pacto de Moisés. No fue así en el reino del sur, en Judá. La teología que dominó allí es lo que hoy llamamos Teología Real, centrada en cuatro puntos: a) la ciudad de David; b) el reino de David; c) la dinastía de David; y d) el templo de Salomón. Poco a poco se fue olvidando la tradición mosaica, especialmente después de la destrucción de Samaria por los asirios (721 a.c.), hasta que de súbito se recuperó durante el reinado de Josías de Jerusalén (621 a.C.). Fue entonces que se escribió la Historia Deuteronómica (Josué, Jueces, Samuel y Reyes), más de un siglo después que el Reino del Norte, Israel, desapareció conquistado por los Asirios. Como que fue escrita por gente de Judá, el Reino del Sur, la presuposición es que todos los reyes de Israel y todas las acciones de los israelitas, han de recibir condenación porque se han separado de la Casa de David. Si la historia hubiese sido escrita por gente de Israel seguramente habría otra evaluación de los actos de sus reyes.

A la muerte de Salomón Judá aceptó inmediatamente a su hijo Roboam como rey. Roboam marchó entonces a Siquem para ser consagrado como rey de Israel. Siquem era el lugar donde Josué renovó el pacto y desde entonces fue el centro del Reino de Israel. Jeroboam fue llamado de Egipto y planteó a Roboam si él pondría fin a las explotaciones hechas por su padre Salomón contra Israel. Al negarse Roboam a hacerlo esto tuvo como resultado que ambos reinos se dividieran (1 R 12:1-24). De ahí en adelante Judá continuó con la descendencia de David como reyes en Jerusalén, mientras que el resto de las tribus, en el Reino de Israel, hubo una sucesión de reyes de distintas dinastías. La que más duró tuvo cuatro generaciones y muchas otras consistieron de un solo monarca.

Esta Historia Deuteronómica está mucho más interesada en la teología de la Reforma Deuteronómica que en la historia en el sentido en que hoy la entendemos. El énfasis, por lo tanto, es teológico y prescinde de muchos detalles que a nosotros nos interesarían. Al final de la narración sobre cada rey el autor refiere al lector a otras fuentes diciendo: «Los demás hechos de (nombre del rey), y todo lo que hizo, ¿no está escrito en las crónicas de los reyes de Judá?» o, «Los demás hechos de (nombre del rey), y todo lo que hizo, ¿no está escrito en las crónicas de los reyes de Israel?». Estos no son los Libros de Crónicas del Antiguo Testamento, sino que son anales y archivos que se han perdido. ¡Cuánto daríamos por poder encontrarlos!

Todos los reyes son juzgados por su obediencia al pacto con Yavé según la Teología Deuteronómica. Esta afirmaba que solamente se podía adorar a Dios

> La disputa entre Israel y Judá sobre dónde se debía adorar a Dios es la base de la conversación entre Jesús y la samaritana (Jn 4:19-22)

en el Templo de Jerusalén, por lo tanto, según esta posición, todos los reyes de Israel habían pecado contra Dios. Las historias de los reyes de Judá e Israel se presentan dentro de la siguiente estructura:

A) *Judá:* «En el *(tal)* año de *(nombre)*, rey de Israel, *(nombre)* rey de Judá comenzó a reinar».

Israel: «En el *(tal)* año de *(nombre)*, rey de Judá, *(nombre)* rey de Israel comenzó a reinar».

B) *Judá:* Información sobre su edad, la duración de su reinado, y la reina madre.

Israel: Información sobre la duración de su reinado y el lugar de su capital.

C) *Judá:* Evaluación de su reinado en comparación con «David su padre».

Israel: Condenación «por los pecados que había cometido, haciendo lo malo ante los ojos de Jehová y andando en los caminos de Jeroboam y en el pecado que este cometió al hacer pecar a Israel».

.D) *Judá:* «Los demás hechos de *(nombre)*, y todo lo que hizo, ¿no está escrito en las crónicas de los reyes de Judá?».

Israel: «Los demás hechos de *(nombre)*, y todo lo que hizo, ¿no está escrito en las crónicas de los reyes de Israel?»

E) *Judá:* Declaración final de que «Durmió *(nombre)* con sus padres y fue sepultado con ellos en la ciudad de David, su padre. Reinó en su lugar *(nombre)*.

Israel: Declaración final de que «Durmió *(nombre)* con sus padres y fue sepultado en *(lugar)*. Reinó en su lugar *(nombre)*.

Nótese que en el punto B en el caso de Judá siempre se menciona la madre del nuevo rey. Esto se debe a que cada rey tenía todo un harén y era necesario seguir el orden de la sucesión especificando la madre. En el caso de Israel no se menciona la madre porque en la mayor parte de los casos el nuevo rey ascendía al trono mediante un golpe de estado y la sucesión dinástica no tenía importancia. Nótese además que en el caso de Israel se especifica dónde quedaba la capital. Esto se debe a que en el norte la capital del reino dependía de dónde el rey quisiera ponerla. No era así en el Reino de Judá donde siempre estuvo la capital del reino en la Ciudad de David, Jerusalén.

Véase además que según el punto C todos los reyes de Israel son condenados porque cometieron el pecado de Jerobam. ¿En qué consistió ese pecado? Su definición aparece en 1 R 12:25-33. En primer lugar, Jeroboam construyó dos santuarios reales, uno en Dan y otro en Bet-el. Los sacerdotes de Dan descendían de Jonatán, hijo de Gersón, hijo de Moisés (Jue 18:1-30). ¡Esa era buena autoridad del culto de Yavé! En cuanto al santuario de Bet-el, ese fue el sitio donde Jacob tuvo el encuentro con Dios y lo consagró como lugar sagrado (Gn 28:10-22). Además restauró a Siquem y a Penuel. Siquem era una ciudad asociada con los patriarcas y fue el lugar donde Josué renovó el pacto con Yavé (Jos 24:1-27). Y Penuel fue el lugar donde Jacob luchó con el angel de Yavé y donde Dios le cambió su nombre a Israel. Estos lugares y las obras que Jeroboam hizo allí demuestran que su intención era afirmar la fe en el Dios de Israel.

En segundo lugar, en cuanto a los becerros de oro, tenemos que tener en cuenta que en el Templo de Jerusalén había dos querubines en el Lugar Santísimo. El querubín era una criatura de la mitología cananea que tenía cuerpo de león, alas y cabeza humana y llevaba a los dioses cananeos de un lugar a otro. Pero la gente del pueblo no los podía ver porque el Templo de Jerusalén era la capilla del palacio y además los querubines estaban en el Lugar Santísimo, cerrado por una cortina tras la cual solamente podía entrar el Sumo Sacerdote. Por el contrario, en los templos de Israel, en Dan y Bet-el, el pueblo sí tenía acceso a la presencia de Dios, representada en este caso por el becerro. Esta idea venía también de la mitología cananea, pero en este caso el Dios invisible sobre el becerro se identificó con el becerro mismo. Por último, téngase en cuenta que por todo Judá había numerosos santuarios que no fueron clausurados hasta 300 años después de Jeroboam cuando vino la Reforma Deuteronómica en tiempos del Rey Josías (621 a.C.). Fue esa reforma y su teología la que motivó que se escribiese la Historia Deuteronómica (Josué, Jueces, Samuel y Reyes).

> Al continuar este bosquejo seguiremos el orden cronológico como lo hace la Biblia, alternando entre los reyes de Israel y de Judá. Para señalar a qué reino pertenece cada rey su nombre estará seguido por «I» si son de Israel, o por «J» si son de Judá.

Jerobam I **(I)** 922-901   (1 R 12:25 - 14:20) Su capital estuvo en Tirsa. Erigió los santuarios reales de Dan y Bet-el y reconstruyó a Siquem y Penuel. Hubo guerras contra Roboam y Abiam, reyes de Judá.

Roboam **(J)** 922-915   (1 R 14:21-31) Los cultos paganos florecieron durante su reinado. El faraón Sisac invadió a Judá (918) y saqueó el Templo y el palacio real.

Abiam **(J)** 915-913   (1 R 15:1-8) Reinó tres años.

Asa **(J)** 913-873   (1 R 15:9-24) Prohibió a su madre el reconocimiento de «Reina Madre» por haber cometido idolatría. Hizo alianza con Ben-adad, rey de Siria, en contra de Baasa, rey de Israel.

Nadab **(I)** 901-900   (1 R 15:25-32) Baasa lo mató, así como a todos los descendientes de Jeroboam.

Baasa **(I)** 900-877   (1 R 15: 33 - 16:7) Asesinó a Nadab y usurpó el trono. Guerra constante con Asa, rey de Judá.

Ela **(I)** 877-876   (1 R 16:8-14) Hijo de Baasa. Zimri, comandante de su ejército, le dio un golpe de estado y lo mató.

Zimri **(I)** 876   (1 R 16:15-20) Reinó 7 días en los cuales mató toda la Casa de Baasa sin dejar ningún hombre, ni parientes ni amigos. Omri, general del ejército, fue aclamado rey por el pueblo de Israel y atacó a Zimri. Zimri se metió en el palacio y prendió fuego a la casa real y así murió.

Omri (I) 876-869 (1 R 16:21-28) Uno de los mejores reyes de Israel. Compró de Semer una montaña y construyó allí a Samaria, la capital de Israel. En las narraciones bíblicas su descendencia se conoce como la «Casa de Acab», el nombre de su hijo, porque Acab y su esposa Jezabel precipitaron a Israel al culto de los baales. Pero en los anales de Asiria la dinastía se conoce como la «Casa de Omri».

Acab (I) 869-850 (1 R 16:29 - 22-40) Hijo de Omri. Se casó con Jezabel, hija de Et-baal, rey de los sidonios. Al llegar trató de convertir a Israel al culto de Baal, el dios cananeo, pero se encontró con **Elías** quien se opuso radicalmente a ella. Elías tuvo diversos

> La batalla de Qarqar no se menciona en la Biblia pero aparece en una inscripción asiria que nos brinda un sólido punto de referencia para la cronología de la Biblia. **IJ**, pp. 55-57.

encuentros con Acab y Jezabel, entre otros, la disputa con los profetas de Baal en el Monte Carmelo; su huída a Horeb, conocido en Judá como Sinaí; la tragedia en la viña de Nabot. Por este tiempo el Imperio Asirio está en pleno desarrollo. En el año 853 Acab participa en una alianza con los sirios y otros pueblos vecinos en la batalla de Qarqar contra Salmanasar III. Salmanasar proclama su victoria, pero lo cierto es que en este momento se contuvo la expansión asiria hacia el oeste del Creciente Fértil. Por fin, en una batalla con los sirios, Acab encontró su muerte.

Josafat (J) 873-849 (1 R 22:41-50) Durante su reinado hubo paz entre Israel y Judá. Trató de crear una flota como la que tuvo Salomón en el Golfo de Aqaba, pero las naves se rompieron en Ezión-geber y abandonó la empresa.

Ocozías (I) 850-849 (1 R 22:51 - 2 R 1:18) Hijo de Acab. Se cayó por una ventana y envió mensajeros a consultar a Baal-zebub, dios cananeo de Ecrón, para ver si se repondría. Elías anunció que por no consultar al Dios de Israel moriría, y así fue.

Joram (I) 849-843/2 (2 R 3:1 - 9:26) Ocozías no tenía hijos, así que su hermano Joram, hijo de Acab y Jezabel, le sucedió en el trono de Israel. Para entonces *Eliseo* ha sucedido a Elías en su misión profética. Joram fue asesinado por Jehú

> Los moabitas fueron subyugados por Omri y sus descendientes. La estela de Mesá, rey de Moab, proclama su independencia de Israel. IJ, pp. 57-58.

Joram (J) 849-843 (2 R 8:16-24) Joram, hijo de Josafat, ascendió al trono de Judá. Se casó a los 18 años con Atalía, hija de Acab de Israel y Jezabel, posiblemente con la intención de unificar ambos reinos. Auspició el culto de los dioses cananeos. Le sucedió su hijo Ocozías.

Ocozías (J) 843/2 (2 R 8:25 - 9:29) Ocozías rey de Judá era hijo de Joram y sobrino de Joram de Israel. En cierta ocasión fue con su tío a pelear contra Hazael, rey de Siria y Joram fue herido. Ocozías fue a visitarlo y allí fue asesinado por Jehú junto con su tío Joram.

Jehú (I) 843/2-815 (2 R 9:1 - 10:36) Oficial del ejército, fue ungido como rey por órdenes del profeta Eliseo. Jehú dio un golpe de estado, mató a Joram, rey de Israel, a Ocozías, rey de Judá, y asesinó a los 70 hijos de Joram, a los 42 hermanos de Ocozías y a todos los príncipes, familiares y sacerdotes de Acab, hasta que no quedó ninguno. Además asesinó a todos los adoradores de Baal y destruyó sus lugares de culto.

> Salmanasar III celebró sus victorias con el Obelisco Negro. En él se ve a Jehú postrado ante el rey asirio dándole tributos. Es la única representación de un rey de Israel. **IJ**, pp. 59-60.

Atalía (J) 842-837 (2 R 11:1-20) Madre de Ocozías, usurpó el poder cuando su hijo fue asesinado. Procedió a matar toda la descendencia real, pero Josaba, hija de Joram y hermana de Ocozías, salvó a Joás, hijo de Ocozías, y lo escondió por seis años. En el séptimo año de su reinado el sacerdote Joiada encabezó una sublevación contra Atalía y la mataron. Joiada ungió entonces a Joás como rey de Judá.

Joás (J) 837-800 (2 R 11:21 - 12:21) Hijo de Ocozías, ascendió al trono a los 7 años de edad, cuando

Atalía fue depuesta. Su principal empresa, según la Historia Deuteronómica, fueron las reparaciones que hizo en el Templo de Jerusalén. Fue asesinado por dos de sus siervos que tramaron una conjura contra él.

***Joacaz* (I)** 815-801 (2 R 13:1-9) Durante el reinado de Joacaz, hijo de Jehú, Israel sufrio considerablemente a manos de Hazael, rey de Siria, y de su hijo Ben-adad. Su ejército quedó completamente destruído.

***Joás* (I)** 802-786 (2 R 13:10 - 14:16) Hijo de Joacaz. Joás peleó contra Ben-adad y lo derrotó tres veces, restaurando así lo que Hazael, rey de Siria, había capturado de Israel. En un combate contra Amasías, rey de Judá, hizo a este prisionero. Marchó entonces contra Jerusalén, destruyó el muro de la ciudad, tomó botín del Templo de Jerusalén y del palacio real, y se llevó como rehenes a los hijos de Amasías.

***Amasías* (J)** 800-783 (2 R 14:1- 20) Hijo de Joás, rey de Judá. Cuando aseguró su poder mató a los siervos que habían asesinado a su padre. Retó a Joás, rey de Israel, y tuvo que sufrir las consecuencias. Conspiraron contra él en Jerusalén, huyó a Laquis y allí lo mataron. Le sucedió su hijo Azarías.

***Jeroboam II* (I)** 786-746 (2 R 14:23-29) Su reinado fue un tiempo de prosperidad para Israel.Restauró los antiguos territorios de Israel y mantuvo la paz con Judá.

Azarías/Uzías (J) 783-742 (2 R 15:1-7) El reinado de Azarías, también conocido como Uzías, fue tiempo de paz entre Israel y Judá. Azarías fortaleció y extendió su reino. Desgraciadamente contrajo lepra y por eso tuvo que vivir en una casa aislada mientras que Jotam, su hijo, administraba el reino.

> *Amós* profetizó durante el reinado de Jeroboam II, ca. 750. *Oseas* comenzó poco después y continuó hasta ca. 730

Zacarías (I) 746-745 (2 R 15:8-12) Hijo de Jeroboam II, reinó apenas seis meses hasta que lo mató Salum.

Salum (I) 745 (2 R 15:13-15) Reinó apenas un mes hasta que Manahem lo mató.

Manahem (I) 745-737 (2 R 15:16-22) Manahem saqueó la ciudad de Tifsa y le abrió el vientre a las mujeres en cinta porque sus habitantes no le apoyaron en su ataque a Salum. Cuando Tiglat-pileser, rey de Asiria, amenazó con atacar a Israel, Manahem impuso un enorme tributo a todos los ricos del país y se lo dió a Tiglat-pileser para que se fuese.

Pekaía (I) 737-736 (2 R 15:23-26) Pekaía, hijo de Manahem, fue asesinado por Peka, uno de sus capitanes.

Peka (I) 736-732 (2 R 15:27-31) Durante el reinado de Peka el rey de Asiria, Tiglat-pileser, atacó a

Israel, capturó muchas de sus tierras y se llevó a sus habitantes cautivos a Asiria.

Jotam (J) *regente 750-742; rey 742-735* (2 R 15:32-38) Jotam, hijo de Uzías. Mientras que su padre sufrió de la lepra él sirvió como regente y administrador del reino.

> Cuando Jotam se hizo rey, *Isaías* comenzó a profetizar, del 742 al 732 (Is 1:2 -11:16).

Acaz (J) 735-715 (2 R 16:1-20) Acaz tuvo que enfrentarse con la alianza de Rezín, rey de Siria, y Peka, rey de Israel. Por ello pidió ayuda a Asiria.y como consecuencia Siria fue conquistada por Asiria (732 a.C.) y Judá se volvió vasallo de Asiria.

Oseas (I) 732-724 (2 R 17:1-6) El último rey de Israel vió la muerte de Tiglat-pileser (727 a.C.) como una oportunidad para librarse de Asiria, pensando que su sucesor no podría controlar el imperio y confiando en la

> A partir del 732 *Isaías* dejó de profetizar y se dedicó a trabajar con sus discípulos. *Miqueas* profetizó del. 722 al 701.

ayuda de Egipto. En el año 724 rehusó pagar tributo a Asiria y de inmediato Salmaneser V atacó a Samaria. Salmaneser murió en la batalla pero su sucesor, Sargón II logró la victoria en el año 721, después de tres años de sitio. Así terminó el reino de Israel.

> Para las campañas asirias contra Israel véase **IJ**, pp. 63-68.

```
   JUDÁ
721-587 a.C.
```

Acaz **(J)** 735-715 (2 R 16:1-20) Véase a Acaz en la sección anterior.

Ezequías **(J)** 715-687/6 (2 R 18:1 - 20:21) Ezequías llevó a cabo una reforma religiosa en el reino de Judá. Inclusive destruyó la serpiente de bronce que hizo Moisés (Nm 21:6-9) ante la cual el pueblo quemaba incienso.

> El profeta *Isaías* reanudó su ministerio público desde que Ezequías ascendió al trono hasta la invasión de Senaquerib, 715-701 a. C. (Is 28:1 - 32:20)

Cuando murió Sargón II, rey de Asiria, Ezequías trató de ganar su independencia con el apoyo de Egipto, contra el consejo del profeta Isaías. Senaquerib invadió a Judá, conquistó todas las ciudades y sitió a Jerusalén. Isaías le dijo al rey que no rindiese la ciudad y a la mañana siguiente las fuerzas asirias estaban aniquiladas. Poco después Ezequías enfermó de muerte pero fue salvado por la gracia de Dios. Merodac-baladán, rey de Babilonia, y Ezequías se aliaron contra Asiria, a lo que se opuso Isaías. Cuando murió le sucedió su hijo Manasés.

Manasés **(J)** 687/6-642 (2 R 21:1-18) Sus políticas fueron diametralmente opuestas a las de su padre Ezequías. Restauró los cultos paganos en Judá e inclusive sacrificó a sus hijos en el fuego. Fue vasallo absoluto de Asiria. Por supuesto que durante su reinado Asiria era una gran potencia que varias veces invadió a Egipto y Manasés prefirió no entorpecer su camino. Su hijo Amón le sucedió.

Amón (J) 642-640 (2 R 21:19-26) Amón reinó apenas dos años. Sus siervos lo mataron y el pueblo mató a los que conspiraron contra él y proclamó a Josías, su hijo, como el nuevo rey.

Josías (J) 640-609 (2 R 22:1 - 23:30) Josías comenzó a reinar a los ocho años de edad. Su posición fue muy distinta a la de su padre y su abuelo. En el año 621 ordenó que se

> *Sofonías* profetizó ca. 628-622 y *Jeremías* ca. 626-587.

hicieran reparaciones en el Templo de Jerusalén y durante el proceso descubrieron un rollo. Este manuscrito contenía las tradiciones legales de Israel y de alguna manera vino a parar al Templo de Jerusalén cuando Samaria cayó bajo el poder Asirio. Ese libro ha sido incorporado dentro del Pentateuco y es la mayor parte del Libro de Deuteronomio. Por ello se identifica como el «Código Deuteronómico» y se simboliza con la letra «D». Su descubrimiento inspiró la «Reforma Deuteronómica» del Rey Josías y después la composición de la «Historia Deuteronómica», basada en antiquísimas tradiciones pero formada según la «Teología Deuteronómica». Cuando se encontró el rollo Josías nombró un comité que fue y consultó a la profetisa Hulda. La profetisa declaró que ese libro era en realidad la Palabra de Dios y que, aunque gran castigo vendría sobre todo el pueblo, Josías moriría en paz. Cuando el comité reportó al rey este mensaje Josías convocó al pueblo, leyeron el libro, y todos prometieron «que cumplirían las palabras del pacto que estaban escritas en aquel libro». En esto se inspiró la reforma religiosa de Josías y se celebró, por primera vez desde el tiempo de los jueces, la Pacua, celebración del éxodo de Egipto.

Cuando murió Asurbanipal (627 a.C.), uno de los más poderosos reyes asirios, comenzó el declinar del Imperio Asirio. Su capital, Asur, cayó bajo el ataque de los medos en el año 614, y la magnífica ciudad de Nínive cayó bajo el ataque combinado de medos y babilonios dos años después. Las pocas tropas que quedaron de los asirios buscaron refugio en la ciudad de Jarán, en el noroeste de Mesopotamia. El faraón Necao, viendo que Babilonia iba a ser la potencia del Creciente Fértil, marchó hacia Jarán para ayudar a sus antiguos enemigos, los asirios. Pero Josías tenía otras ideas. El veía a los babilonios como sus aliados y quería poner fin al poder asirio. Por eso se interpuso a la marcha de los ejércitos egipcios en el Paso de Meguido, y allí lo mató Necao en el año 609 a.C.

Es evidente que la Historia Deuteronómica terminaba originalmente en 2 R 23:25, inmediatamente antes de las palabras «...ni después de él nació otro igual». El libro debe haber sido redactado cuando todavía Josías estaba vivo puesto que las palabras de Hulda la profetisa anunciaban que él moriría en paz. Los dos capítulos y medio que concluyen la obra fueron añadidos durante el exilio en Babilonia.

Joacaz/Salum (J) 609 (2 R 23:30-35) Joacaz reinó por poco tiempo. Desde que el faraón Necao pasó por Judá rumbo a Jarán, cuando mató a su padre Josías, hasta que vino de regreso rumbo a Egipto. Necao lo depuso y se lo llevó a Egipto, donde murió. En su lugar el faraón puso a otro hijo de Josías, Eliaquim, y le puso por nombre Joacim.

Joacim/Eliaquim (J) 609-598/7 (2 R 23:36 - 24:6) Nabopolasar era rey de Babilonia cuando su hijo,

Habacuc profetizó ca. 605.

Nabucodonosor, derrotó a los egipcios en la batalla de Carquemis (605). Ese mismo año Nabucodonosor ascendió al trono. Al año siguiente conquistó a Siria y Palestina, y Joacim se convirtió en vasallo de Babilonia. Tres años más tarde, instigado por Egipto, Joacim rehusó pagar tributos a Babilonia. Por ese tiempo Nabucodonosor estaba ocupado por otras partes, pero por fin en el año 598 marchó a Jerusalén para poner sitio a la ciudad y castigar a Joacim. Pero cuando llegó

Joacim había muerto y su hijo Joaquín reinaba en su lugar.

Joaquín/Jeconías **(J)** 598-597 (2 R 24:8-16) El joven rey reinó apenas por tres meses al cabo de los cuales él, su madre, sus siervos, sus príncipes y oficiales se rindieron a Nabucodonosor. A todos ellos se los llevó a Babilonia y con ellos se llevó a diez mil cautivos, incluyendo los artesanos y herreros. No quedó nadie, excepto la gente pobre del país. Esta fue la primera deportación

Sedequías/Matanías **(J)** 597-587 (2 R 24:17 - 25:7; Jer 52:1-20) Nabucodonosor puso como rey en lugar de Joaquín a su tío Matanías y le cambió el nombre por Sedequías. En el año 587 vino de nuevo y sitió a Jerusalén durante año y medio. Sedequías trató de huir pero fue hecho prisionero. Degollarons sus hijos en su presencia, le sacaron a él sus ojos, lo ataron con cadenas y se lo llevaron a Babilonia. Jerusalén fue destruída y el Templo fue arrasado. Y otra vez se llevaron cautivos a Babilonia. Esta fue la segunda deportación y el final del reino de Judá.

SEXTO PERÍODO
En Babilonia

EL EXILIO
597-538 a.C.

Bibliografía Especial

Asurmendi, Jesús María. *Ezequiel.* CUADERNOS BIBLICOS No 38. Estella (Navarra): Verbo Divino, 1990

Briend, Jacques. *El libro de Jeremías.* CUADERNOS BIBLICOS No 40. Estella (Navarra): Verbo Divino, 1993

Tassin, Claude. *El judaísmo: desde el destierro hasta el tiempo de Jesús.* CUADERNOS BIBLICOS No 55. Estella (Navarra): Verbo Divino, 1988.

ABO, pp. 72-75
HI, pp. 409-430
HIJ, pp.140-
HPI, pp. 197-208
HIAT, pp.369-380
IJ, pp. 86-89

Este período es el más breve de este «Bosquejo». Mientras que otros cubren varios siglos, este trata solamente 59 años, desde la primera deportación a Babilonia (597) hasta la conquista de Babilonia por los persas (538). La razón es que estos años fueron de transformación radical en cuanto a la historia y la fe de Israel.

Ya hemos mencionado algunos de estos hechos en la sección anterior, pero para comprender lo que fue la experiencia del exilio es necesario que veamos cómo fue que Babilonia llegó a ser tan importante en la vida del Creciente Fértil. En el marco de las grandes potencias las naciones como Israel y Judá eran cosa de menor cuantía. A mediados del siglo VII el poder radicaba en el Imperio Asirio y, especialmente en los años de Asurbanipal (668-627), esta potencia estaba en su apogeo, pero tan pronto como Asurbanipal murió el imprerio comenzó a desintegrarse. Ciaxares, rey de Media (625-585), conquistó a Asur, la capital de Asiria, en el año 614, y aliado con Nabopolasar, rey de Babilonia (626-605), conquistaron la venerable ciudad de Nínive en el año 612. Los dos aliados hicieron arreglos para repartirse las tierras de Asiria. Ciaxares ocupó las montañas de Armenia e Irán, mientras que Nabopolasar se apoderó de Mesopotamia.

Mientras tanto las tropas asirias que sobrevivieron, encabezadas por Asur-ubal-lit II, se refugiaron en Harán, la metrópolis occidental de Asiria, pero en el año 610 también ella cayó ante el ataque de Nabopolasar. Los pocos asirios que escaparon se refugiaron en el norte de Siria y ya vimos en la sección anterior que el faraón Necao II, al darse cuenta de que Babilonia iba a ser la potencia del Creciente Fértil, marchó hacia Harán para ayudar a sus antiguos enemigos y por el camino mató a Josías, rey de Judá, en el paso de Meguido. Tres meses después Necao regresó rumbo a Egipto trayendo consigo a los sobrevivientes del que una vez fue el poderoso ejército asirio. Al pasar por Judá depuso a Joacaz y puso a su tío, Joacim, en el trono de Jerusalén.

Cuatro años más tarde Necao marchó con el ejército egipcio y los remanentes de las fuerzas asirias rumbo al norte para erradicar a los babilonios. Nabucodonosor, príncipe heredero de Babilonia, les hizo frente en la batalla de Carquemis (605) y los derrotó tomando posesión de toda la «Tierra de Hatti» (Siria y Palestina). hasta la frontera con Egipto. Joacim pasó a ser vasallo de Babilonia. Nabopolasar murió poco después de la batalla de Carquemis y Nabucodonosor ascendió al trono (605-562). Su reinado fue la cumbre del Imperio Neo-babilónico pero al principio tuvo que consolidar su posición en Mesopotamia. En la sección anterior vimos que durante los reinados de Joacim (609-598/7), Joaquín (598-597), y Sedequías (597-587) tuvieron lugar la primera (597) y segunda (587) deportación de Jerusalén a Babilonia.

> *Ezequiel* profetizó ca. 593-573

Nabucodonosor nombró a Gedalías, de una noble familia de Jerusalén, como gobernador de Judá. Gedalías escogió a Mispa, al norte de Jerusalén, como su capital ya que Jerusalén había sido totalmente destruida. Poco después Ismael, de la familia real de David, asesinó a Gedalías. Temerosos de las represalias de los babilonios muchos de los que quedaban en Judá se refugiaron en Egipto pues temían un nuevo ataque por parte de Nabucodonosor (2 R 25:22-26). Y en verdad así fue pues Nabucodonosor marchó de nuevo a Judá en el año 582 y trajo una tercera deportación a Babilonia.

El sucesor de Nabucodonosor, Evil-merodac (561-560), liberó a Joaquín, rey de Judá, y le dio un lugar prominente en la corte de Babilonia (2 R 25:27-30; Jer 52:31-34). Su cuñado, Neriglisar (560-556), lo destronó y usurpó el trono. Cuando Neriglisar murió le sucedió su hijo, Labashi-Marduc, pero los sacerdotes del dios Sin lo asesinaron y pusieron en su lugar a Nabónido (556-539). Éste era hijo de la Suma Sacerdotisa del dios Sin, dios de la luna y patrón de Harán, y por ello Nabónido no favorecía el culto del dios Marduc, patrón de la ciudad de Babilonia. Especialmente no le gustaba el Festival de Año Nuevo, *Akitu*, que duraba una semana e incluía la ceremonia de la humillación del rey, donde el monarca tenía que pasar todo un día encerrado en un calabozo, sin luz alguna, desnudo y sin comer. Al día siguiente el Sumo Sacerdote de Marduc lo abofeteaba y si le hacía llorar esto era indicación de que habría un buen año. Nabónido no participó en el Festival de Akitu durante ocho años, lo que creó una crisis en Babilonia porque ellos creían que era esencial que el rey tomase parte en esta ceremonia que fijaría los destinos del año próximo.

Pero Nabónido optó por mudarse al Oasis de Tema, en

el Desierto de Arabia y dejó a su hijo Baltazar como co-regente. La Biblia identifica a Baltazar como rey de Babilonia, pero él nunca fue rey aún cuando actuó como tal bajo la autoridad de su padre. Por fin Nabónido regresó para celebrar el Festival de Akitu en el año 539, pero dado el disgusto de los babilonios por la conducta de Nabónido, los persas se apoderaron de la ciudad de Babilonia ese mismo año sin tener que luchar por ella y pocos días más tarde Ciro de Anshan, rey de Persia, entró en la ciudad bajo los gritos de aclamación de los babilonios. ¿La razón? Ciro entró a la ciudad tomado de la mano de la estatua de Marduc declarando así la restauración del culto del dios de Babilonia. Fue en este momento que cesó la supremacía de los semitas sobre el Creciente Fértil y de ahí en adelante, por mil años, fueron los indo-europeos los que gobernaron la región.

   ¿Por qué tiene tanta importancia este breve período para la comprensión de la historia de Israel y de hecho de toda la Biblia? Es que en el exilio se transformó la fe de Israel en el Judaísmo que vemos a partir de entonces. Esa fue la fe del resto del Antiguo Testamento y fue la fe en medio de la cual Jesús realizó su ministerio. Por supuesto que hubo grandes transformaciones en el judaísmo, como también las hubo en la Iglesia desde su principio hasta nuestros días, pero es allí, en el exilio en Babilonia, donde surgió el judaísmo.

En primer lugar, como que los exiliados venían
de Judá los babilonios les llamaron «judíos». En
segundo lugar, al ser deportados de Jerusalén trajeron
consigo sus antiguas tradiciones. Fue allí, en Babilonia,
donde se terminó la Historia Deuteronómica (Josué,
Jueces, Samuel y Reyes). Fue allí también donde los
sacerdotes desempleados, que no podían adorar a Dios
en Jerusalén porque tanto la ciudad como el Templo
estaban destruídos, dedicaron sus esfuerzos a preservar
las antiguas tradiciones. Fueron ellos los que
compilaron la tradición «yavista», la «elohista», la
«deuteronómica» y la «sacerdotal» de ellos mismos y
compusieron la *Tora* (Génesis, Éxodo, Levítico,
Números y Deuteronomio) con el propósito de
conservar sus tradiciones ancestrales. Y para tener un
lugar donde estudiar la Torá organizaron el «Bet Hah
Keneset» (Casa de la Asamblea), que hoy conocemos
por su nombre griego, «sinagoga». Ciertamente el
judaísmo nació en el Exilio.

SÉPTIMO PERÍODO
El regreso

Bibliografía Especial

Asurmendi, Jesús María. *Ezequiel*. CUADERNOS
BIBLICOS No 38. Estella (Navarra): Verbo
Divino, 1990
Wiéner, Claude. *El segundo Isaías: El profeta del nuevo
éxcdo*. CUADERNOS BIBLICOS No 20. Estella
(Navarra): Verbo Divino, 1989.

ABO, pp. 76-79
HI, pp. 429-509
HIJ, pp. 141-156
HPI, pp. 209-229
HIAT, pp. 381-432
IJ, pp. 93-97

El territorio que hoy ocupa Irán fue invadido por los arios o indo-europeos a mediados del II milenio a.c.; entre ellos estaban los medos y los persas, Ya vimos en la sección anterior a Ciaxares, uno de los más poderosos reyes de Media. Su sucesor, Astiages, tenía una hija, Mandana, que se casó con el rey de Persia, Cambises I y de ellos nació Ciro.

Ciro II de Anshar (550-530), llamado «el Grande», de la familia de los aqueménidas, era rey de Persia y vasallo de su abuelo, Astiages. Ciro se rebeló contra su soberano, el Rey de Media, y lo venció. Después capturó a Lidia y de allí se volvió rumbo al Imperio de Babilonia. Venció a los ejércitos de Nabónido en la batalla de Opis y marchó hacia la capital, Babilonia, cuyos habitantes le recibieron con los brazos abiertos.

Poco se sabe de la historia del judaísmo durante el período persa. Sabemos que el judaísmo se desarrolló en Babilonia y que ésta fue el centro del judaísmo hasta que

Los sasánidas fueron una dinastía persa que reinó del 226 al 651 d.C.

los sasánidas les persiguieron y se fueron a España. España fue entonces el centro del judaísmo hasta 1492 d.C. Los persas no interfirieron con los pueblos de su Imperio y les respertaron su vida cultural y religiosa. Al ver su restauración de la religión de Marduc en Babilonia, los judíos les pidieron reedificar el Templo. En el año 538 les dieron permiso para hacerlo(Esdras 1: 2-4 y 6:3-5). Sheshbazar fue encargado de la construcción y se llevó consigo el mobiliario del Templo. No sabemos más nada de él. Sabemos que se construyó la fundación del Templo, pero eso fue todo (Ageo 1:6-11). El sucesor de Ciro, Cambises (530-522) conquistó a Egipto. Había por ese entonces una colonia militar judía al servicio de Egipto en Elefantina, una isla frente a Asuán en el Nilo. La colonia tenía un templo dedicado a Yavé y continuó allí durante el período persa. En cuanto a Jerusalén, por este tiempo

Zorobabel, príncipe de la línea de David, fue nombrado gobernador lo que estimuló grandes expectaciones. Darío I Histaspis (522-486), sucesor de Cambises, renovó el edicto de construcción de Ciro respecto al Templo de Jerusalén. En el año 520 otros judíos regresaron a Jerusalén y, estimulados por los profetas Ageo y Zacarías, se reanudó la restauración del Templo de Jerusalén que fue terminado y dedicado en la primavera del 515 (Esdras 6:15). Fue este mismo Darío quien edificó la magnífica ciudad de Persépolis e inscribió en la Roca de Behistún sus proezas en persa, elamita y acadio. Darío gobernó como Rey de Egipto y de Babilonia, pero dividió el Imperio en 20 «satrapías», cada una bajo un gobernador y coordinadas por un sistema de jinetes mensajeros que le traían reportes de todas las provincias cada día. Jerusalén pertenecía a la Quinta Satrapía, que iba de Bet-el a Bet-zur. Arameo era el idioma oficial del Imperio Persa y en Babilonia y Susa estaban sus residencias reales.

No tenemos información alguna sobre la situación de los judíos después de la reconstrucción del Templo aunque sí sabemos que la población en torno a Jerusalén les era hostil, especialmente los samaritanos.

La información se reanuda con el autor de Crónicas, quien añadió a su libro, que era una revisión de la Historia Deuteronómica, un nuevo volumen, *Esdras/Nehemías*, que en nuestras biblias son dos libros, pero que en la Biblia Hebrea es uno solo.

Nehemías era un alto funcionario en la corte de
Artajerjes I Longímano (465-424) en Susa quien fue
enviado (445) para reconstruir las murallas de Jerusalén
y las terminó en sólo cincuenta y dos días (Neh. 3:1-
4:23; 6:15) a pesar de la oposición y amenazas de
Sanbalat, gobernador de Samaria y de sus otros
enemigos.. Terminada la construcción de la muralla
Nehemías fue nombrado gobernador de Judá y ésta se
convirtió en una provincia independiente de Samaria
que incluía otras muchas ciudades (11:25-36).
Nehemías trató de resolver problemas de injusticia
social en Judá (5:1-19), pero los judíos prósperos
comenzaron a conspirar con sus enemigos (6:17-19).

Esdras vino a Jerusalén nombrado por el rey de
Persia para que sirviese
como «comisionado» para
los asuntos judíos. Entre
las muchas cosas que hizo,
leyó la Tora a la multitud
del pueblo. Pero el texto
estaba en hebreo y ese ya
era un idioma desconocido
para el pueblo así que tuvo que tener un grupo de
traductores que lo vertieron al arameo, la lengua que
hablaba el pueblo.

> El arameo había sido la
> lengua de los patriarcas,
> mientras que el hebreo
> era una lengua cananea
> adquirida durante la
> conquista.

Debido a los problemas relacionados con la
secuencia de Esdras y Nehemías, quién vino antes y
quién vino después, se nos hace necesario enumerar los
reyes persas. Ya vimos a Ciro II de Anshar (550-530),

a Cambises (530-522), y a Darío I Histaspis (522-486).
Continuando la secuencia tenemos entonces a Jerjes I
Asuero (486-465), Artajerjes I Longímano (465-424)
llamado así porque tenía un brazo más largo que el otro,
Jerjes II (423) quien gobernó 45 días, Darío II (423-
404), Artajerjes II Memnon (404-358), Artajerjes III
(358-338), Arses (338-336), y Darío III Codomano
(336-331).

Los eruditos difieren
sobre cuándo fue que Esdras
vino a Jerusalén. Se ofrecen
tres fechas: 458, 428 y 398. La
primera siete años después del
ascenso al trono de Artajerjes I;
la segunda treinta y siete años

> Véase EXCURSO
> II: **Fecha de la
> misión de Esdras
> en Jerusalén** en **HI**,
> pp. 466-480.

después del ascenso al trono del mismo rey; y la tercera
siete años después del ascenso al trono de Artajerjes II.

El final del sueño de Ciro de tener un vasto
imperio ocurrió así. Alejandro Magno cruzó el
Helesponto en 334 y venció a Darío III en la batalla de
Iso (333). Después conquistó a Egipto siguiendo la ruta
de Siria y Palestina y marchó a Mesopotamia
derrotando a los persas en las batallas de Gaugamela y
Arbela. Continuó su avance hasta Susa y Persépolis las
cuales se rindieron. Darío III fue asesinado en Hircania
por sus propios hombres. Así tuvo fin el Imperio Persa.

Entre los dos testamentos

NUEVO MUNDO
336-63 a.C.

Bibliografía Especial

Grelot, Pierre. *El libro de Daniel.* CUADERNOS
  BIBLICOS No 79. Estella (Navarra): Verbo
  Divino, 1993
Saulnier, Christiane. *La crisis macabea.* CUADERNOS
  BIBLICOS No 42. Estella (Navarra): Verbo
  Divino, 1990

ABO, pp. 76-77; 82-83
HIJ, pp. 159-180
HIAT, pp. 433-480
IJ, pp. 97-98

Cuando uno compara el Antiguo Testamento en la mayor parte de las biblias protestantes con las biblias católico-romanas uno nota de inmediato una diferencia: las biblias católico-romanas tienen más libros que las biblias protestantes. En la tradición protestante esos libros se conocen como la «Apócrifa», mientras que en la tradición católico romana esos libros se conocen como el «Deuterocanon». La Biblia de Casiodoro de Reina (1569), y la revisión de

«Protocanon»
  = primer canon
«Deuterocanon»
  = segundo canon

Cipriano de Valera (1602), incluían la Apócrifa, así como la Biblia de Martín Lutero y la mayor parte de las traducciones protestantes. Fue solamente en el último siglo que los protestantes dejaron de imprimirlos en la mayoría de sus biblias, pero como dijo Martín Lutero, esos libros son muy importantes y deben ser leídos y estudiados por todos los creyentes.

Lo que los católico-romanos llaman el «Protocanon», el Antiguo Testamento de los protestantes, termina con durante el período persa, en un mundo muy distinto al del Nuevo Testamento. Entre Esdras/Nehemías y el Nuevo Testamento pasaron casi cuatro siglos y pensar que ese tiempo no tiene importancia es como si nosotros creyésemos que el mundo de nuestros días se semeja al del principio del siglo XVII de nuestra era. Los más importantes libros de la Apócrifa o el Deuterocanon para entender este período son los Libros de los Macabeos. Este no cubre todo el período que nos interesa, pero nos ayuda a entender una buena parte de él y nos aclara muchos puntos.

En la sección anterior exploramos el Imperio Persa. Su expansión hacia el occidente resultó en una serie de batallas con los griegos tales como Maratón (490), Termópilas (480), y la batalla naval de Salamina (480). Ocurrió casi siglo y medio más tarde que Felipe de Macedonia fue asesinado y su hijo Alejandro el Magno (336-323) ascendió al trono a los veinte años de edad. El joven rey fue uno de los líderes militares más grandes en toda la historia. Venció a los persas en Gránico (334), en el Asia Menor; en Iso (333), al norte de Siria; en Tiro y Gaza (332), en la Palestina; y en Arbela (331), en Mesopotamia. De allí conquistó a Persia, a Afganistán, y llegó hasta el Rio Indo en Paquistán (326). Alejandro había sido educado por el gran filósofo griego Aristóteles y de ahí provenía su deseo de extender el arte, la cultura, la lengua y la civilización de Grecia. por todas esas tierras por él conquistadas. Pero tal cosa no le fue posible. Camino a Grecia se enfermó y murió en Babilonia en el año 323. Tenía apenas treintaidos años.

Cuando Alejandro murió su hijo no le heredó. Su vasto imperio se dividió entre cuatro de sus generales, dos de los cuales adquirieron las regiones del oriente. Mesopotamia y Siria quedaron en mano de Seleuco I Nicátor (312-280) quien fundó la dinastía de los «Seléucidas», mientras que Egipto quedó en manos de Tolomeo Sotero, quien fue sátrapa (323-305) y después rey (305-285) y fundó la dinastía de los «Lágidas», llamada así porque el nombre de su padre era Lago. Tanto los Seléucidas como los Lágidas fomentaron el desarrollo del *helenismo,* es decir, el fomento de la cultura y de la lengua griega en todas sus regiones. La marca característica de la expansión del helenismo fue el uso de la lengua griega en su forma

> Grecia en griego es *HELLAS* y de ahí se deriva el término *helenismo*

popular llamada *koiné*. Fue en esta lengua que se tradujeron en Alejandría los libros del Antiguo Testamento, incluyendo la Apócrifa o el Deuterocanon, en la versión llamada la «Septuaginta», y fue también en esta variedad del griego que se escribieron los libros del Nuevo Testamento.

La Palestina estuvo bajo el control de los Lágidas hasta que Antíoco III el Grande (323-187) ascendió al trono de los Seléucidas. En el año 198 ganó una batalla decisiva contra Tolomeo V Epífanes (205-180) y en lo sucesivo la Palestina estuvo bajo los Seléucidas. Entre los judíos de la Palestina había unos que favorecían la cultura helénica y otros que la repudiaban completamente. Uno de los Seléucidas, Antíoco IV Epífanes (175-163), atacó con toda violencia a los judíos que se oponían al helenismo y ordenó que se adorase al dios Zeus. Por supuesto que eso era imposible para aquellos que creían que Yavé era un Dios celoso que demandaba lealtad absoluta. Además Antíoco depuso al Sumo Sacerdote de Yavé, Onías III, y le vendió por una buena suma esa posición al hermano de Onías, Jasón. Pero no paró ahí sino que poco después, durante una breve ausencia de Jasón, le vendió la posición a Menelao que no era ni siquiera de la estirpe sacerdotal.

Como que los judíos protestaron Antíoco ordenó la helenización total de los judíos imponiendo ciertas medidas: a) toda madre que circuncidase a su hijo sería ejecutada; b) había que quemar todas las copias de la

Tora; c) el observar el Sábado o el tener copias de la Torá eran causa para la pena de muerte. En el año 168 marchó con sus tropas hasta Jerusalén y desacralizó el Templo creando una «abominación de desolación» al poner allí una estatua de Zeus y al sacrificar puercos sobre el altar de Yavé. Por toda la región se pusieron altares paganos y se les ordenó a los judíos que hicieran sacrificios a Zeus y que comiesen carne de puerco. Muchos lo hicieron así y otros muchos murieron por su fe. Al norte de Jerusalén, en el poblado de Modein, en la Sierra Central, un oficial sirio ordenó que se cumpliese el edicto real, pero Matatías, un líder de la comunidad se negó a hacerlo. Al ver a otro judío que estaba dispuesto a sacrificar los puercos Matatías se llenó de ira y mató al judío y al oficial sirio y junto con sus cinco hijos se fugó a las montañas cercanas, dedicándose a hacer guerra de guerrillas contra los sirios. Al morir comisionó a su hijo Judas (166-160) para que encabezase la rebelión. Tan efectivos fueron sus ataques que se le dio el apodo de «macabeo» que significa martillo, por lo duro que les daba a los sirios. El 25 del mes de Kislev (diciembre) del año 165 Judas Macabeo reconquistó y purificó el Templo, construyó un nuevo altar, y reanudó el culto a Yavé. Cuando Judas murió en combate el liderazgo de sus tropas pasó a su hemano Jonatán (160-143). Ocho años más tarde Jonatán (153), a pesar de ser descendiente de Asmón y no de Zadoc, de cuyo linaje se supone que fuese todo sumo sacerdote, fue consagrado como tal.

Para entonces había ocurrido una división entre los judíos que estaban contra el helenismo. Por una parte estaban los *hasidim* o «pios» que creían que con la reconsagración del Templo ya no era necesario seguir luchando. De la otra parte estaban los seguidores de los Macabeos que creían que había que seguir luchando para recobrar la independencia.

A Jonatán le sucedió su hermano Simón (143-134) quien fue reconocido como Sumo Sacerdote y Rey de los judíos y estableció la dinastía de los Asmoneos. Simón y dos de sus hijos fueron asesinados por su yerno Tolomeo, administrador del distrito de Jericó, quien tenía ambiciones de ocupar el trono. Sin embargo, otro hijo de Simón, Juan Hircano I (134-104) ocupó el sacerdocio y el trono y eventualmente extendió su reino hasta cubrir Galilea e Idumea. Pero los Asmoneos tenían un problema: eran reyes pero no eran de la línea de David; y eran sacerdotes pero no eran del linaje de Aarón. Como resultado los fariseos, derivados de los hasidim, estaban opuestos a los Asmoneanos, mientras que los saduceos eran los que respaldaban esta dinastía.

Cuando murió Juan Hircano su hijo Aristóbulo tomó el poder por un año (104-103) y puso en prisión a todos sus hermanos. Cuando murió Aristóbulo su esposa, Salomé Alejandra, liberó a sus cuñados y se casó con uno de ellos, Alejandro Janneo (103-76), quien fue sumo sacerdote y rey. Alejandro Janeo buscó el apoyo de los saduceos y persiguió a los fariseos, pero en su lecho de muerte dijo a su esposa que tomase la posición opuesta. Ella lo hizo así y Salomé Alejandra (76-69) reinó por varios años y designó a su hijo Juan Hircano II como sumo sacerdote.

Al morir su madre Juan Hircano II asumió el título de rey, pero su hermano Aristóbulo II (69-63), apoyado por los saduceos, lo expulsó. Hircano buscó apoyo del gobernador de Idumea, Antipater, y éste pidió ayuda del Senado de Roma. En el año 63 a.C. el general romano Pompeyo tomó posesión de Jerusalén y designó a Juan Hircano II como sumo sacerdote (63-40), pero le negó el ser rey.

> Antipater fue el padre de Herodes el Grande (34-4 a.C.), que Roma hizo rey de los judíos.

Así llegamos a los albores del Nuevo Testamento. Los judíos están bajo el poder de Roma. Las sectas de los fariseos y saduceos están en pugna una con la otra, no solamente sobre cuestiones religiosas, sino también políticas. Nueve de cada diez judíos viven fuera de la Palestina en lo que se conoce como la diáspora. Los judíos de la diáspora hablan el griego llamado koiné, mientras que los de la Palestina hablan arameo. Hay un solo templo para el culto de Yavé y está en Jerusalén, pero hay sinagogas donde se estudia la Tora por toda la Palestina y por todo el resto del Imperio Romano.

Ese es el mundo del Nuevo Testamento, ese es el mundo al que vino Nuestro Señor Jesucristo, y ese es el mundo en el que nació la Iglesia.